KB217976

헤아려본 세월

헤아려본 세월

김민웅 김영봉 김회권 박총 백소영 이만열 이상철 정병오 차정식 천정근 최규창 지음

1판 1쇄 인쇄 2015. 4. 10. | **1판 1쇄 발행** 2015. 4. 16. | **발행처** 포이에마 | **발행인** 김강유 | **책임 편집** 강영특 | **책임 디자인** 이경희 | **제작** 김주용, 박상현 | **제작처** SJ피앤비, 금성엘엔에스, 서정바인텍 | **등록번호** 제300-2006-190호 | **등록일자** 2006. 10. 16 | 서울특별시 종로구 북촌로 63-3 우편번호 110-260 | 마케팅부 02)3668-3243, 편집부 02)730-8648, 팩시밀리 02)745-4827

값은 뒤표지에 있습니다. ISBN 979-11-5809-008-1 03230 | 독자의견 전화 02)730-8648 | 이메일 masterpiece@poiema.co.kr | 좋은 독자가 좋은 책을 만듭니다. | 포이에마는 독자 여러분의 의견에 항상 귀를 기울이고 있습니다.

이 도서의 국립중앙도서관 출판시도서목록(CIP)은 서지정보유통지원시스템 홈페이지(http://seoji.nl.go.kr)와 국가자료공동목록시스템(http://www.nl.go.kr/kolisnet)에서 이용하실 수 있습니다. (CIP제어번호: CIP2015010405)

헤아려본 세월

김민웅 · 김영봉 · 김회권 · 박총 · 백소영 · 이만열
이상철 · 정병오 · 차정식 · 천정근 · 최규창

4·16이 남긴 것

포이에마
POIEMA

| 차례 |

| 일러두기 |

1. 이 책은 2014년 4월 16일의 세월호 참사와 이후 벌어진 일련의 사태를 대하면서
   안타까움, 비통함, 분노, 절망, 고뇌를 경험한 그리스도인을 위해 만들어졌다.
   물론 여기 실린 글 중 세월호 사건의 희생자와 그 유가족을 마음에 품지 않고
   쓴 글은 한 편도 없겠으나, 이 책이 이들을 '위한' 책이라고는 할 수 없다. 그
   거대한 슬픔 앞에서 우리는 할 말을 잃는다. 살아서 물에 잠긴 그이들 앞에서
   대체 누구라고 무슨 말을 할 수 있겠는가. 그럼에도 지난 1년의 일들은 사건
   자체에 대해, 우리가 사는 세상에 대해, 그리고 그리스도인이 믿어온 것에 대해
   숱한 물음을 남겼고, 심각한 문제들을 폭로했다. 이는 그저 몇 줄기의 눈물과
   함께 흘려보낼 수 없는 것이다. 그리하여 여기서는 그중 몇 가지를 다루었는데,
   이를테면 사람들이 죽어갈 때 하나님은 무얼 하셨느냐는 신정론의 물음을
   비롯해, 애도/기억의 의미와 방식, 우리 교육의 현실, 질긴 가족주의, 설교자의
   양식, 그리스도인의 삶에 주어진 도전 등에 관한 것이다. 물론 대한민국이라는
   국가에 대한 비판적 성찰도 피해 갈 수 없다. 세월호 참사를 이해하고 사태
   해결을 위해 손을 모으고자 하는 그리스도인들에게 이 작은 책이 조금이라도
   도움이 되길 기대한다.

2. 성실한 사가의 손으로 사실관계를 확인하면서 세월호 참사 시점부터
   최근까지의 추이와 쟁점들을 기록해준 이만열의 글로 머리말을, 그리고
   그 자신 성문 밖의 십자가에 달렸고 제자들에게 자신을 따라 성문 밖으로
   나오라고 부르는 그리스도의 '무력하고 급진적인' 길을 전하는 박총의 글로
   맺음말을 대신한다. 이 책에 실린 몇 편의 글은 다른 지면에 한 차례 실렸거나
   설교로 들려졌던 것을 전면적으로 개고하거나 소폭 보완한 것이다. 최초 수록
   지면은 각 글의 첫머리에 제시했다. 한 필자의 표현처럼, 각각의 글이 처음
   쓰인 때로부터 적지 않은 시간이 흘렀으나 "그때와 하나도 달라진 것이 없음을
   탄식"한다.

3. 본문의 성경 인용은 대한성서공회에서 펴낸 개역개정판을 따랐으며, 다른
   번역을 인용한 경우에는 따로 표기하였다.

'세월호 참사' 단상

이만열

세월호는 그 자체가 의문투성이면서 그를 통해
많은 질문을 쏟아낼 수 있는 사건이다.

세월호 참사

2014년 4월 16일 오전 8시 전후(혹은 오전 8시 18분께), 인천-제주 간을 주 4회 왕복하던 청해진해운 소속의 세월호世越號가 진도 앞바다(진도군 조도면 맹골도와 거차도 사이의 맹골수도)를 지나던 중 해난사고를 맞아, 승선인원 476명 중 295명이 사망하고 9명이 실종된 참사가 발생했다. 사건이 일어난 지 1년이 되어가지만 그 진실을 캐려는 노력은 진지하지 못하고 생존자 및 유족에 대한 이해와 지원은 만족할 만하지 않다. 일례로 사건 당시 배 안의 소방호스를 이용해 학생들을 구조해 '세월호 의인', '파란 바지의 영웅'으로 불린 김동수(50) 씨가 세월호 사건 1주년이 되어가던 지난 3월 19일 '세월호의 고통' 속에 심한 정신적 내상(트라우마)과 경제적 어려움을 겪다 제주 자택에서 흉기로 자신의 왼쪽 손목을 자해한 사건은 이를 단적으로 보여준다.

식자들은 대한민국의 역사를 세월호 전과 후로 나눌 수 있다고 주장하기도 했는데, 이는 세월호 참사에 대한 지성인들의 위기의식을 반영하는 것이다. 참사의 중대함은 정부에도 비상한 위기의

식을 불러일으켜, 정부 수반은 '국가 개조', '국가 혁신'을 언급할
정도로 위기의식과 개혁의지를 밝히기도 했다. 세월호 사건으로
고통 속에 있을 때 한국을 방문한 가톨릭의 교종은 세월호 유족
과 연민의 고통을 함께했고, 최근에도 세월호 문제가 어떻게 되
었느냐고 물을 정도로 아직도 깊은 관심을 갖고 있다. 뜻있는 세
계인들에게 세월호 사건은 단순한 해난사고가 아니라는 것으로
인식되고 있음이 분명하다. 세월호 사건은 대한민국뿐만 아니라
세계에 큰 충격을 주었다.

그러나 세월호 사건 처리 과정에서 나타난 여러 가지 파열음은
한때 고조되었던 우리 사회의 위기와 참회의 의식을 날려버리고,
일과성으로 처리되어가고 있다. 1년이 되어가는 시점에 사회의
분위기는 세월호 이전과 다를 바가 없다. 그렇게 철석같이 진실
규명에 앞장서겠다고 약속한 정부는 특별법을 만드는 과정에서
부터 무성의를 드러냈고, 특별법에 의한 특별위원회(특위)가 만들
어졌지만 제대로 가동하도록 뒷받침하는 데도, 무엇이 켕겨서 그
런지는 알 수 없으나 주저하는 것이 역력하고, 오히려 특위의 활
동을 방해하려는 속내가 드러나고 있다. 진실규명에 무성의한 정
도가 아니라 발목을 잡고 있다고 해야 할 것이다.

그뿐인가. 며칠 전 광화문에는 서북청년단과 기독시민연대 등
이 내건, "세월호 유가족 여러분! 국론분열 중심에서 속히 내려오
세요", "세월호 거짓 선동을 즉각 중단하고 광화문 광장에서 물러
나라!", "적색테러집단 김기종 일당과 어울린 세월호 거짓 선동가

들은 각성하라!"는 플래카드가 걸려 있었다. 세월호 사건은 표류하는 정도가 아니라 다시 국론을 분열시키려는 측에 의해 호재로 이용되고 있음을 엿볼 수 있다.

세월호 사고의 '참사'화

사고의 원인에는 여러 요인과 주장이 있고, 이는 앞으로 밝혀야 할 과제다. 일단 선체가 노후된데다가 과적過積했고, 어떤 이유에서인지는 몰라도 15도 이상 급선회(급변침)하게 되자 그로 인해 느슨하게 묶어놓은 화물이 한쪽으로 기울어지면서 배가 뒤집힌 것으로 이해하고 있다.

그러나 사고의 시점이나, 사고의 원인으로 꼽히는 '급변침'에 대해서도 의문이 끊이지 않고 있다. 정확한 원인을 밝히지 않은 상황에서 인터넷상에는 '잠수함' 원인설 같은 다분히 '루머'성으로 보이는 원인론까지 돌고 있어서, 이를 잠재우기 위해서라도 속히 정확한 원인이 밝혀져야 한다. 정확한 원인을 밝히지 않는다면 초기에 유행하다 잠재워진 '루머'가 다시 부상될 가능성도 없지 않다.

세월호 침몰 당시의 보도들을 더듬어보면, 세월호 침몰 원인은 '자동식별장치AIS'에 의해 추정 가능하다고 했다. 그러나 그것이 수차례 끊겼고 이를 복원하는 과정이 거듭되면서 세월호의 정확한 항적기록이 확인되지 않았다. 해수부는 2014년 4월 16일부터 5월 13일까지 4차례 복원한 항적도를 국정조사위에 공개했으나 급변침 시각에 대한 이의에서부터 계속 의문이 제기되었다. 정직은 이런 때 그 원인을 밝히는 데도 둘도 없는 첩경이다.

침몰 원인 못지않게, 구조가 왜 부실했으며 구조를 위한 '골든 타임'을 왜 놓쳤는가에 대한 의문도 끊임없다. 바로 이것이 세월호 참사의 핵심이다. 급변침으로 인한 세월호의 침몰이 대형 참사로 이어진 것은 승객을 구할 수 있는 약 3시간의 '골든타임'과 3일간의 여유시간을 활용하지 못했기 때문이다. 이 역시 따져야 할 핵심이다. 배가 기울어지고 있을 때 선장을 포함한 선원들이 퇴선하면서도 승객들에게는 요동하지 말고 제자리를 지키라는 선내 방송을, 그것도 7차례나 되풀이했다는 것은 이 사건의 '고의성'마저 의심케 했다. 이런 위급시에 대처할 수 있는 승객구조 '매뉴얼'이 세월호에만 없었다고 생각지 않는다. 그러나 승객들에게 움직이지 말고 제자리를 지키고 있으라고 하는 선내 방송 앞에서는 그 '매뉴얼'이 제대로 작동할 수 없었음도 분명하다.

여기서 해난구조를 맡은 기구들의 책임소재를 따지는 것은 무의미한 것인지도 모른다. 사고 발생 초기 해양경찰청과 해군 등 정부기관이 늑장 대응한 원인과 책임소재가 분명하지 않았다. 해경 123정은 오전 9시 35분 사고 해역에 가장 먼저 도착했지만 배 안으로 들어가지도, 세월호 승객을 향해 퇴선명령을 내리지도 않았다. 교신 내용에 의하면 목포해양경찰청은 123정에 선내진입과 퇴선조치 지시를 내렸지만 실행되지 않았다고 한다. 세월호의 쌍둥이 배라고 하는 오하마나호에서 시연試演한 결과, 한 층을 오르는 데 30초가 걸리지 않았다. 이 시연으로 추정해보면, 퇴선명령만 있었다면 300여 명의 인원이 윗갑판까지 오르는 데 30분 정도면 충분했을 것으로 추정된다는 것이다.

여기서 다시 해군의 해난구조대SSU와 특수전전단UDT에 언제 구조명령을 내렸는지, 사고 당일 중앙재난안전대책본부(중대본)가 컨트롤타워 구실을 제대로 했는지, 사고 당일 대통령이 7시간 동안 그 모습을 보이지 않은 것은 어째서인지에 대한 책임론은, 이미 수차례 반복되었으나 여전히 의문으로 남는, 그래서 앞으로 밝혀야 할 아주 중대한 사실임에 틀림없다. 여기서는 우선 세월호 참사에 대한 청와대 책임론을 짚어본다.

세월호 사건의 청와대 책임론

정부 내에는 유사시의 위기에 대응하기 위해 운용하고 있는 많은 기구와 조직이 있다. 그것들이 평시에는 거의 작동하지 않는 것같이 보이지만, 일단 유사시에는 필수불가결의 중요한 존재임이 확인된다. 막대한 예산으로 군대를 유지하는 것이나 숱한 방재시설과 기구를 설치한 것은 한순간의 위난에 대처하기 위함이다. 그러나 세월호 사건에서는 그런 조직과 시설들이 제대로 작

동하지 않아 국가시스템이 붕괴되지 않았는가 하는 우려의 소리
가 예사롭지 않다. 그런 어려운 과정을 겪었지만, 정부의 조치는
그 뒤에도 허술하기 짝이 없었다. 이러한 사례는 세월호 사건 때
만 나타난 것이 아니다. 소위 '천안함 폭침' 때나 '무인기 사건' 때
도 마찬가지였다. 우리는 안전 문제와 관련하여 얼마나 자주 뒷
북만 치는 정부조직을 봐왔는가.

　우선 세월호 참사에서 가장 먼저 잘잘못을 따져야 할 기구가
청와대로 부상되는 것은, 안타깝지만, 사실이다. 우리나라같이 권
력이 집중되어 있는 곳에서는 더욱 그렇다. 세월호 참사가 났을
때, 김장수 청와대 국가안보실장은 청와대는 재난사고의 컨트롤
타워가 아니라고 두 번이나 공언했다. 새 정부 출범 후 어떻게 업
무 조정이 되었는지 알 수 없지만, 세월호 참극 상황에서 청와대
고위 공직자가 그런 말을 해댔다는 것은 도무지 이해할 수 없다.
그의 이 같은 발언이 그를 실장직에서 해임토록 만들었다. 국가
의 컨트롤타워에서 세월호 참사만은 내 책임이 아니라고 강변하
는 것은 책임 회피로밖에는 비치지 않았다.

　'세월호 참사 당일 시간대별 일지' 등에 의하면, "오전 10시
00분 박근혜 대통령, '단 1명의 인명피해도 없도록 최선을 다하
라'고 지시"한 것으로 되어 있고, 또 "오전 11시 05분 박 대통령,
특공대를 투입토록 지시"한 것으로 되어 있으나, 이는 그 뒤 직접
적인 대면지시가 아닌 것으로 밝혀졌다. 〈조선일보〉 선임기자 최
보식이 문제제기(2014. 7. 18.)한 이래, 그 시각에 "대통령이 집무실

이나 공개된 장소에 자리하고 있었던 것인가"에 대한 의문이 끊이지 않게 되었다. 세월호 참사가 아니면 드러나지 않았을 이 의문은, 그게 사실이라면, 곧바로 국민의 생명과 국토를 방위하는 사안에서도 심각한 위험을 노출시켰다고 할 수 있다. 국민과 국토를 방위하겠다고 '헌법적 맹서를 한 대통령'이 7시간 동안 비서실장도 알지 못하는 장소에 있었다는 것은 상상하기조차 어렵다. 그 시각에 내우와 외환이 겹쳐 일어났다면 어떻게 됐을까 하는 가정에까지 이르게 되면, 그 우려는 국가존망의 두려움으로 변한다. 촌각을 다투는 현대전에서 국토방위의 최고 책임자가 7시간 동안 누구도 알지 못하는 장소에 있었다면 나라는 이미 결단 나고 말았을 것이다. 청와대 책임론을 묻는 것은 단순히 세월호 사건에 국한된 것이 아님을 여기서도 인지할 수 있다.

청와대 책임론은 결국 그동안 한국 정치가 쌓아온 적폐가 세월호 참사를 통해 드러나고 있음을 보여주는 것이다. 그동안 한국 정치사에서 가장 안타까운 모습의 하나는 '권력의 청와대 집중화' 현상이라고 할 것이다. 이것은 정부 집행능력의 신속화·효율화라는 측면에서 용납되어왔다. 그러나 이번 세월호 사건과 같은 경우에는 권력이 집중되어 있는 청와대가 움직이지 않으면 정부의 어느 부서도 제대로 작동하지 않는다는 것을 잘 보여주었다. 그것이 엄청난 인명피해를 가져온 대형 참사로 빚어진 것이다. 청와대 책임론이 계속 강조되는 이유는 바로 여기에 있다. 따라서 세월호 사건은 청와대가 아니더라도 각 부서가 맡겨진 책임을 매뉴얼에 따라 처리할 수 있는 권력운용 시스템으로 전화되지 않으면 안 된다는 좋은 교훈을 주었다. 청와대 책임론과 관련, 해수부가 세월호 사건에서 역할을 제대로 하지 못했다면, 이는 이 정권 초대 해수부 장관에 적격자를 임명했는가 하는, 역시 대통령 인사권의 문제로도 다시 비화되지 않을 수 없다.

그 밖의 정부 책임부서와 각 기관의 책임론에 대해서는 더 언급하지 않겠다.

세월호 참사와 책임 회피―유병언의 등장

세월호 사건이 터지자 이런 곤혹스런 상황에서 정부의 난처함을 면케 해주고 집권여당에게는 퇴로를 열어줄 어떤 방도가 필요했을 것이다. 말하자면 희생양이다. 그런 데 잔머리를 잘 굴리는 인간들은 어디에나 있는 법이다. 그간 구원파의 중심인물로 행세한 바 있는 유병언을 희생양으로 만드는 것은 그렇게 어렵지 않았다. 세월호 선박의 주인으로 부각시켰고 세월호를 불법 개조한 책임자로 몰아갔으며 이것이 바로 세월호 참사로 연결되었다는 구도를 짜갔다. 그렇게 함으로 '골든타임'의 무능을 면책하려 했다. 그는 전에는 구원파 신도들의 희망이었지만 이제는 정부 여당을 잠시 동안이나마 국민의 따가운 시선으로부터 보호해줄 구원투수이자 희생양으로 등장하게 되었다. 그를 보호하려는 신도들의 끈질긴 모습이 TV에 비치고 경찰이 신도들에게 밀리는 듯한 모습을 보일 때마다 회심의 미소를 짓는 측이 있었다. 그게 누구였겠는가.

당장 곤혹스러운 경지에 처했던 측에서는 유병언에게 그 책임을 뒤집어씌워 국민의 이목을 그에 집중케 했다. 거기에 언론이 동원되는 한편, 책임져야 할 인사들은 시간을 끌면서 자신들의 퇴로를 만들어갔다. 언론은 그 앞에서 바람잡이 역할도 하고 국민의 이목을 엉뚱한 곳으로 이끄는 데 결정적인 역할을 했다. 아마도 이때쯤이면 왜 MB 등의 수구정권이 종편을 그렇게 만들었는지 그 깊은 뜻을 헤아릴 수 있을 만도 했다.

세월호 참사 때 책임져야 할 곳에서는 컨트롤타워 구실을 전혀 하지 못했던 무능한 정부 여당이었지만 유병언이라는 인물을 통해 반전을 꾀하는 데는 천재적인 능력을 발휘했다. 우선 세월호 도입과정이나 불법개조 등 참사의 원초적인 책임을 그에게 뒤집어씌우고, 그를 체포하는 과정에서 무려 군경 130만 명을 동원하고 반상회까지 개최했다. 이를 통해, 책임을 져야 할 때는 무기력하기 짝이 없던 정부 여당이 유병언이라는 희생양을 잡는 데서는 컨트롤타워의 건재함을 보여주었다. 세월호 참사는, 이렇게 책임져야 할 곳에서는 숨고 책임전가에서는 자기를 과시하는 본말전도의 정치현상을 폭로하였다.

거기에다 '유병언이 사체로 발견'된 것과 관련, 40일간 방치한 시신이 단순변사체로 인식된 것이 사실일까? 유병언의 시신인 것을 전혀 몰랐다면 그것은 직무유기에 속한다. 그 정황으로 봐서 눈치를 챈 것이 분명해 보이는데, 그러고도 그 뒤 수많은 인력을 동원하고 현상금을 5억으로 높이는 등의 조치를 취한 것이 사실이라면, 유병언 사건은 결국 희대의 '국민 사기극'을 연출했다고 해도 변명의 여지가 없다고 할 것이다. 또 죽은 시체를 우려먹으면서 세월호 참사의 본질을 외면토록 했다면, 앞으로도 이런 식으로 책임을 회피하는 작태는 얼마든지 나올 가능성이 없지 않다고 생각된다.

'유병언의 시신이라는 것'을 두고도, 당시 국과수 원장은 "부검 소견상 시신에 특별한 손상이 없고 상처가 없었기 때문에 중독 여부를 분석했으나 별다른 약·독물을 발견하지 못했다"며 "목이 눌린 질식사 여부도 확인이 불가했으며, 내부 장기가 벌레에 의해 소실돼 사인을 밝히기 어려웠다"고 밝혔다. 당시 국과수 법유전자 과장도 "어느 뼈와 연조직, 남은 부위에도 골절 등 외력이 가해진 흔적이 없다"며 "복부, 머릿속 장기 등은 모두 부패, 소실돼 있어 사인을 검토 및 추측할 수가 없었다. 한마디로 실마리가 없는 시신이 되었다"고 말했다. 이는 무엇을 의미하는가. 이러한 어정쩡한 국과수의 발표에 대해 의미 있는 지적은 결국 유병언의 "사망 시점, 시신 발견 장소, 신고 상황, 최초 발견 시 시신 상태 등 여전히 현장의 정황이 들어맞지 않는 의문은 해소되지 않았다"는 것으로 요약된다고 할 수 있다.

그 난리를 치면서 발표된 공식적인 '유병언의 사인 발표'는 존중되어야 하겠지만, 한편으로 현대 법의학의 수준이 저 정도밖에 되지 않았는가 하는 의심을 갖지 않을 수 없다. 조선조의 무덤에서 나온 시신이나 몇천 년 전의 미라를 통해서도 그 사인을 규명해내는 것이 오늘날 과학의 수준인데, DNA까지 확인한 시신을 두고 사인을 규명치 못하는 것은 그 사인에 대한 의문을 키워주고 있을 뿐만 아니라 후대인들이 이 시대의 양심을 두고 어떻게 평가할 것인지, 부끄러운 생각이 들게 한다.

사인이 확인되지 않은 경우, 사인이 확인될 때까지 사체가 발견된 장소와 그 정황을 잘 보존해야 한다는 것은 상식이다. 그러나 TV 등을 통해 비치는 사체 발견 장소는 전혀 보존되지 않고 있었다. 이는 그 장소가 오히려 덫이 될까 두려워한 측이 있었음을 의미하는 것이 아닐까 하는 의문도 들었다. 또 장소를 훼손한 것은 사인을 밝힐 의지가 거의 없었음을 의미하는 것이라고도 말할 수 있지 않을까.

모든 죽음은 죽음 스스로가 그 죽음의 이유를 말한다고 한다. 그리고 의문사의 경우 반드시 그 죽음을 통해 이익을 보는 쪽이 있게 마련이다. 그 이익 보는 쪽이 어느 쪽인지를 조사하면 사인이 규명될 수도 있다. 그러나 몇 달 동안 유병언을 통해 벌인 시야 가리기 장사도 시간을 끌면 불리할 수 있는 법, 계산 빠른 그들은 국민의 시선을 다른 데로 다시 돌려야만 했다. 세월호 참사와 유병언 장사로 경기가 형편없어졌다고 성언하면서 당국은 국민의 인내에 보답이라도 하듯, 41조 원을 투입하는 경기부양책을 등장시키겠다고 했다. 이래도 너희들이 세월호에 연연하면서 우리의 성의를 무시할 테냐고 윽박지르기라도 하면서 말이다.

세월호 참사가 던진 질문—사적·공적 영역과 그 책임

세월호 참사는 우리 사회의 총체적 비리가 집약적으로 나타난 것이다. 그러기에 이 사건은 우리 사회에 던진 질문이 크고 많다. 오죽했으면 세월호 사건은 한국사를 그 전과 후로 나누어야 한다고 주장했을까. 그러기에 세월호는 그 자체가 의문투성이면서 그를 통해 많은 질문을 쏟아낼 수 있는 사건이다. 그러나 여기서는 당시의 언론 및 식자들의 주장에 의거, 세월호 사건 처리과정을 통해서 나타난 공적 및 사적 영역의 책임 등에 대해서 지적된 내용을 간단히 언급하겠다.

먼저, 이 사건으로 민간 외주업체들이 중요한 공적 업무를 담당하고 있음을 확인했다는 것이다. 그 구체적인 것으로 인명구조와 관련해서는 '언딘'이라는 존재가 해경이나 해군을 대신해서 등장하고, 민간업체 소유의 선박검사나 기술검증, 관리역할은 '한국선급'이 맡고 있다는 점도 알려지게 되었다. 세월호 사고의 중요한 원인이 선박의 대대적인 개조에 있었다면 청해진해운의 선박개축에서 도면이 엉터리임을 알고도 눈감아준 한국선급은 책임을 면할 수 없다. 여기서 사적 영역에 속하는 기관이 어떻게 공적 업무를 감당할 수 있는가 하는 의문을 가지지 않을 수 없다.

공적 업무와 공적 역할의 민영화 내지 외주화가 이뤄지면서 공직자들의 윤리의식이 뚜렷이 해이해졌다는 것이다. 이는 세월호 침몰 때 해경선에 탑승했던 해경대원들이 구조작업에 전력투구하지 않았다는 데서도 구체적으로 잘 나타났다. 이를 두고, "신자유주의가 전 사회적으로 도덕적 자원의 고갈 내지는 도덕의 상실을 불러왔고, 공적 봉사를 긍지로 삼고 실천하는 직업윤리 내지는 공익정신이 신자유주의적 가치를 따르는 민영화를 통해 점차 상실되거나 뚜렷이 약화되어갔다"고 한 최장집의 지적은 정곡을 찌른 것이다.

여기에다 행정 관료의 이익과 기업의 사적 이익이 공생, 유착, 담합되었고 이로써 비리와 부정부패, 탈법과 편법의 온상이 만들어지게 되었다. 반관반민半官半民 협회로 존재하는 이들 기관은 관련 부서를 관련 단체의 퇴직자들이 점거함으로써 제 기능을 주체적으로 발휘하기 힘든 기관으로 변질되어버리고 말았다. 세월호 참사 앞에서 여러 관련 기관들이 제 역할을 못한 것은 이런 기관들이 주체적인 활동을 할 수 없도록 구조화되어 있었기 때문이다. 관변단체들은 그 속성상 능동적인 활동을 기대하기 힘들다고 하지 않을 수 없다.

세월호 참사가 남긴 과제들

세월호 참사는 해운·선박업계는 물론 우리 사회에 엄청난 과제를 남겼다. 우선 세월호의 침몰원인과 관련, 선박의 이상 시점은 언제이며, 해수부는 왜 세월호의 항적기록을 4차례나 수정했는가 하는 점, 청와대와 국정원, 안행부가 YTN의 방송을 보고 사고를 인지했다는데 국가적 내우외환의 경우인데도 보고체계가 왜 그런가, 또 해난구조대와 특수전전단 등의 구조 출동명령이 왜 늦었으며 출동명령을 받고도 왜 1시간 16분 뒤에 그것도 잠수장비 등을 충분히 갖추지 않고 출동했으며, 해경 123정은 선내진입이나 퇴선조치를 하도록 하명받았지만 왜 이행하지 않았는가 등이 밝혀져야 할 것이다. 또 앞에서도 지적한 바와 같이, 대통령은 이런 중차대한 참사임에도 불구하고 7시간 동안 왜 대면보고를 받지 않았는가 하는 점도 밝혀져야 할 것이다. 이것은 다시 말하지만 국가의 안위와 관련해서도 아주 중요한 문제라고 하지 않을 수 없다.

세월호 참사를 보면서 선장과 선원들의 무책임한 행위를 도무지 묵과할 수 없다. 그들의 도덕적 감성과 직업윤리의 부재는 물론, 참사를 방치한 인명 경시의 책임이 막중함도 지적하지 않을 수 없다. 그러나 한편 그들에게 참사의 책임을 묻기에는 그들의 고용 조건이 너무 열악하다는 것도 함께 지적해야 한다. 비정규직 선장, 월 급여가 200만 원도 안 되는 임시직 항해사들에게 자신의 목숨을 바쳐서라도 승객을 구해야 한다는 사명감을 요구할 수 있을지 의문시된다는 지적이 없지 않다. 이렇게 되면 선장과 선원들의 무책임 문제는 우리 사회가 겪고 있는 비정규직, 임시직 문제와 연동되어 사회적인 문제로 환원된다. 결국 세월호 문제가 우리 사회의 구조적 문제의 응축이라는 것은 여기서도 드러난다.

세월호 참사와 관련, 그 비대성 때문에 국민을 통제하는 데는 효율적일지 모르지만 위기대처 능력이 현저히 떨어지는 정부를 어떻게 개혁해야 하는가 하는 문제가 대두되었다. 세월호 사건 후 '국가개조'라는 말까지 등장시켜 그 급박성을 고조시키는 듯했지만, 1년이 지난 시점에 와서 보면 확연히 변화된 모습은 거의 눈에 띄지 않는다. 국민을 통제하는 수법은 날로 지능화, 심화되고 있지만 정부의 안전관리나 대국민 서비스에서는 오히려 후퇴한다는 것이 여론의 평가다. 이를 극복하고 '국가개조' 차원의 개혁을 이루려는 것은 결국 시민의 민주적 역량을 어떻게 키울 것인가 하는 문제로 귀결된다고 할 것이다. 이것은 또한 신자유주의의 풍조가 공권력과 사적 영역을 넘나들면서 결합하여 민주시민사회를 옥죄고 있는 현실이 세월호 참사에서 잘 드러난 만큼, 이를 어떻게 극복하느냐의 과제도 안겨주었다고 할 것이다.

세월호 참사는 중앙의 컨트롤타워와 현장의 임무수행 기구의 협력적 혹은 독립적 기능 행사 간의 문제를 제기했다. 어떤 위기 상황이 발생했을 때 그 현장에서 중앙과의 연계하에서 얼마나 자체의 독자적인 판단으로 문제를 해결하느냐의 문제는 결국 위기 상황에 대처하는 매뉴얼을 정교하게 만들어두고 그것을 숙지, 행동화할 수 있느냐의 문제로 귀결된다고 할 것이다. 이와 관련, 참여정부에서 제작한 2,800여 개의 현장 구난救難 매뉴얼이 MB 정권 때에 그 3분의 2가 폐기되었다는 것은 놀라운 일이 아닐 수 없다. MB 정권의 무책임한 매뉴얼 폐기는 안보무능, 위난무책을 의미했고, 그것은 이미 세월호 참사를 예고하는 것이었다. 때문에 불각시에 부닥칠 참사를 예방하기 위해서는 이제부터라도 우리 사회의 안전을 위한 더 구체적이고 현실적인 '구난 매뉴얼'을 연구해 구비하여 그 매뉴얼에 따라서 어릴 때부터 교육, 생활화하도록 하는 훈련이 필요하다고 생각한다.

세월호 참사와 한국 교회

세월호 사건이 일어났을 때 한국 교회가 보여준 자세에는 명암이 교차한다. 고난받는 자와 함께한 많은 그리스도인들이 있었음을 자랑스럽게 생각한다. 안산 지역의 여러 교회를 비롯하여 팽목항에서도 그리스도인의 위로와 헌신은 다른 종교인들 못지않았다. 참사 이후 거의 반년 동안 광화문 광장에서 단식과 철야기도 등으로 목회자들과 평신도들이 힘을 합쳐 유족들을 위로하면서 이 슬픔을 극복하고 세월호 참사의 진실을 밝혀야 한다고 주장하는 등, 하나님의 선하신 뜻이 이뤄지도록 노력했다. 그 협조는 양적인 면에서도 단연 돋보였다. 그런 의미에서 한국 개신교회 그리스도인들은 우는 자와 같이하라는 말씀에 따라 세심한 모습을 보인 것이 사실이다.

그러나 지도층에 있는 몇몇 인사들의 사고와 발언은 한국 그리스도인들의 그런 희생적 봉사와 헌신을 무색하게 만들었다. 한기총 간부의 무책임한 발언이나 대형교회 어느 목사의 돌출 발언은 생존자들과 유족들에게 상처를 주었고 희생자들을 모독했다. 더구나 이런 불행한 사건을 두고 '하나님의 뜻' 운운한다든지 '하나님의 진노'라고 말한다는 것은 하나님을 아전인수격으로 끌어들이면서 사실은 정의와 사랑의 하나님을 왜곡, 모독하는 짓이기도 했다. 거기에다 최근에는 광화문 어귀에 붙어 있는 플래카드에 "세월호 유가족 여러분! 국론분열 중심에서 속히 내려오세요", "세월호 거짓 선동을 즉각 중단하고 광화문 광장에서 물러나라!"고 외치는 당사자로 서북청년단과 함께 '기독시민연대'라는 낯선 이름까지 등장하는 것을 보면 그리스도인으로서 부끄럽기 짝이 없다.

이렇게 보면 세월호 참사는 다시 대결적 진영으로 끌어들여지는 듯하다. 그런 세력이 분명히 있다. 사건이 일어나기만 하면 그것을 이용하여 이념적 대결로 이끌어가려는 세력들이 있다. 하지만 분명한 것은 슬픔 당한 자의 편에 서서 그들을 위로하고 상처를 어루만지려는 것이 이념 대결의 표적이 되어서는 안 된다는 것이다. 생존자들과 유족들이 트라우마에 시달리고 심지어 학생 20명을 구한 '세월호 의인' 김동수 씨마저 자해를 하려고 하는 상황에서 그리스도인들은 진영논리를 극복하고 이들을 돕는 일에 앞장서야 한다. 진실을 밝혀 다시는 이 땅에 제2의 세월호 참사가 일어나지 않도록 노력하는 것이 왜 국론분열이며 거짓 선동인지 이해할 수 없다. 진실을 밝히고 책임자에게 응분의 책임을 묻도록 하자는 것이 어찌 이미 죽은 자식들을 위하는 것이라고 할 수 있을까. 이런 물음에 그들은 답해야 한다.

여야 합의에 따라 세월호 참사 특별조사위원회가 발족한 지 한 달이 넘었다. 그러나 위원회의 활동을 방해하는 조직적인 세력 때문에 특위의 정식 출범이 늦춰지고, 조직과 예산이 축소될 위기에 처했다. 특위에 파견된 공무원들은 특위 활동을 일일이 감시하면서 심지어는 특위의 활동 내역이 담긴 내부 문건을 청와대, 새누리당, 해수부, 경찰 등에 유출시키고 있다. 이게 현실이다. 여야 합의로 법안을 만들고 조직을 꾸렸으면 특위가 활동하도록 지원하는 것이 정부의 임무다. 그런데 무엇이 두렵고 켕겨서 이렇게 조직적으로 방해하고 있는지 알 수 없다. 심지어는 여당의 모 의원은 특위를 '세금도둑'이라고까지 폄훼했다고 전한다. 특위 활동을 저지시키고 진실을 밝히지 못하도록 하려는 수작임이 분명하다. 이럴 때 그리스도인들은, 이 땅에 다시는 세월호 참사 같은 사건이 일어나서는 안 된다고 다짐하는 의식 있는 국민들과 함께, 세월호 참사의 진실을 밝혀 하나님의 정의와 사랑, 화해와 용서가 이 땅에 이뤄지도록 노력하는 데 앞장서야 한다. 이게 그리스도인의 시대적 사명의 하나이기도 하다.

이만열 | 숙명여대 명예교수, 전 국사편찬위원장. 서울대학교 문리대 사학과 및 동대학원을 졸업(문학박사)했고, 합동신학교에서 공부(신학사)했다. 친일인명사전 편찬위원회 위원장, 독립기념관 한국독립운동사연구소 소장, 한국사학회·한국사학사학회·도산학회 회장, 문화재위원회 근대분과 위원장, 한일역사공동연구 위원회 위원, 한국기독교역사연구소 소장 및 이사장, 〈복음과상황〉 공동발행인, 외국인 근로자를 위한 희년선교회 대표, 남북나눔운동 연구위원장 등을 역임했다.

세월의 영성

김영봉

성령의 별명이 '위로자'가 아니던가? 진정한 위로와 치유는 성령께서 하신다. 성령께서 그 일을 완수하실 때까지 함께 있어주고 기도해주고 버텨주고 울어주는 것이 우리가 할 일의 전부다.

제발 잊지 마세요

1993년 10월 10일, 서해 훼리호 침몰, 292명 사망
1995년 4월 28일, 대구 도시가스 폭발, 101명 사망
1995년 6월 29일, 삼풍백화점 붕괴, 502명 사망, 6명 실종
2003년 2월 18일, 대구 지하철 화재, 192명 사망, 21명 실종
2014년 4월 16일, 세월호 침몰, 295명 사망, 9명 실종

왜 세월호 사건이 특별한가? 이 질문에 답하기 위해 지난 20년 동안에 일어난 대형사고들과 비교해보는 것이 필요할 것이다. 100명 이상의 인명이 희생당한 사건만 뽑아도 위와 같은 결과가 나온다. 사망자 혹은 실종자의 수를 단순히 '수'로 보지 말아야 한다. 예수께서는 한 사람의 영혼이 온 우주보다 더 크고 무겁다고 하셨다. 뿐만 아니라, 한 사람의 희생은 그와 관계되어 있는 작은 세상의 붕괴를 의미한다. 지난 세월 동안 저토록 많은 우주가 깨어졌으며 저토록 많은 세상이 무너져 내린 것이다. 그렇게 생각하면 이 통계는 마음을 무겁게 짓누른다.

우리의 마음이 무거운 또 다른 이유는 이것들이 모두 '인재人災'라는 점이다. 일본의 대지진이나 동남아의 쓰나미처럼 어찌할 수 없는 자연재해가 아니다. 부실 공사, 부실 감사, 부실 관리, 안전 불감증, 보신주의, 이기주의, 관료주의 등의 고질적인 병폐가 결합하여 만들어낸 재앙이다. 우리나라는 자연재해로부터 비교적 안전한 나라다. 가끔 태풍에 피해를 입지만, 지진이나 해일의 영향권에서는 벗어나 있다. 그런 나라에 살면서 우리 스스로 재앙을 만들어내고 있는 것이다. 이런 일이 발생할 때마다 근본적인 개혁이 일어날 것처럼 온 나라가 들썩이지만, 너무도 빨리, 쉽게 잊고 다시금 구습으로 돌아간다.

세월호 사건은 희생자의 규모로 따질 때 삼풍백화점 붕괴 사건에 미치지 못한다. 하지만 의미로 볼 때 세월호 사건이 훨씬 더 무겁다고 생각하는 사람들이 많다. 지난 1년 동안 발표되거나 출판된 추모 음악, 추모 시집, 평론집, 서한집 등을 따져보아도 그렇다. 과연, 이 사건은 다른 대형 재난사고와 어떻게 다르기에 이렇게 잊히기를 거부하며 끊임없이 이야기를 만들어내는 것일까?

가장 큰 이유는 희생자들의 아픔의 깊이와 국민들이 받은 고통과 충격의 무게 때문일 것이다. 어느 죽음인들 아프지 않은 것이 있으랴? 어느 생명인들 값이 덜한 것이 있으랴? 하지만 이 죽음에는 특별한 것이 있다. 산 채로 물속에 잠겨 상상할 수 없는 두려움과 고통 속에서 서서히 죽어간 영혼들 때문이다. 물속에 잠긴 아이들이 살기 위해 몸부림치며 죽어간 동영상이 복구되어 공개

될 때마다, 자식을 둔 아비로서 나는 차마 그 영상을 클릭하지 못한다. 내가 그렇다면, 그들의 가족과 친구 그리고 지인들의 심정은 어떠할까? 죽음이라는 '사건'보다 죽음의 '과정' 때문에 이 사건은 특별하다.

이 사건이 특별한 또 다른 이유는 희생자의 절대 다수를 구할 시간이 있었으나 그러지 못했다는 데 있다. 배가 잠기고 난 후에 한 사람도 구해내지 못했다. 나중에 수습된 증거로 볼 때 희생자들의 상당수가 에어포켓에 의지해 꽤 오래 생존해 있었다. 하지만 바깥에서는 헬리콥터와 구조보트의 소음만 요란할 뿐 속수무책이었다. 삼풍백화점이 붕괴된 후 며칠 동안 계속 이어지는 기적적인 구출과 생환의 이야기로 온 국민이 아픔의 일부를 덜어낼 수 있었다. 반면, 이번엔 배 안에 갇혀 창밖을 향해 구조를 호소하는 어린 눈망울들의 희망조차도 건져내지 못했다. 정부와 기관과 언론은 허둥대고 혼란만을 빚었다. 그것이 희생자 가족들에게 그리고 국민 모두에게 한으로 남았다.

게다가 정확한 사고 원인도 밝혀지지 않았고, 억울한 희생에 대한 책임소재 규명과 그에 대한 처벌도 이루어지지 않았기에 이 사건은 특별하다. '세월호 특별법'을 통과시키는 과정에서 여러 가지의 논쟁과 갈등이 일어났고, 그 법에 따라 만들어진 '특별조사위원회'를 구성하는 과정에서 잡음이 끊이지 않고 있다. 이 모든 과정을 지켜보는 희생자 가족들과 다수의 국민들은 어떤 세력이 진상 파악을 막고 있다는 의혹을 가질 수밖에 없다. 사건 발생

1년이 되도록 진상 조사와 책임자 처벌이 이루어지지 않고 있고, 그로 인해 희생자 가족의 상처에서는 아직도 피가 흐르고 고름이 고인다.

이런 상황에서 희생자 가족들은 하나같이 입을 모은다. 잊지 말아달라고. 꽃망울도 피지 못하고 꺾인 아이들을 기억해달라고. 그것이 남아 있는 나날들을 버티고 살 수 있는 유일한 힘이 되어줄 것이라고.

그들은 또한 입을 모아 간청한다. 아이들의 희생이 헛되게 하지 말아달라고. 그들의 희생으로 인해 세상이 조금이라도 바뀌지 않으면 억울해서 견딜 수가 없을 것이라고. 잊지 말 뿐 아니라, 그들의 목소리가 되어달라고. 더 이상 자신들과 같이 억울하고 분하고 답답한 희생을 당하는 사람들이 생기지 않도록 소리를 높여달라고.

우리 국민의 기억의 한계가 7개월이라고 하는 우스갯소리를 들었다. 그만큼 우리는 쉽게 잊는다. 한국전쟁 이전까지 평균 4년에 한 번씩 전쟁을 겪었다니, 과거의 일을 신속하게 잊지 않으면 온전히 살아갈 수가 없었을 것이다. 일종의 민족적 방어기제가 생긴 것이다. 그 유전적 기질이 이제는 우리의 발목을 잡고 있다. 꼭 기억해야 할 것들까지도 쉽게 그리고 빨리 잊게 만들고 있다.

이번에는 안 된다. 희생자들의 안타까움과 억울함과 고통 때문에, 정부의 무관심과 무능함 때문에 애도 과정을 마무리하지 못하고 있는 유가족을 위해, 그리고 어처구니없는 나라 형편의 변화를 위해 이 사건은 특별하게 기억되어야 한다. 그래야만 후에라도 혹은 새로운 정부가 들어섰을 때에라도 모든 것이 바로잡혀 상처의 치유와 문제의 개선이 이루어질 것을 기대할 수 있다.

말이 아니다

세월호가 반쯤 기울어져 침몰하고 있을 때, 그리고 아직 구조의 희망이 살아 있을 때, 나는 세례를 준비하는 교우로부터 "세월호가 침몰하고 있을 때, 하나님은 무엇을 하고 있었습니까? 저렇게 많은 인명이 희생당할 때 하나님은 왜 아무 일도 하지 않으셨습니까?"라는 질문을 받았다. 그때 나는 "하나님은 아무 일도 하지 않으신 것이 아닙니다. 하나님은 물속에서 그 아이들과 함께 고통당하고 계셨습니다"라고 대답했고, 또한 그런 요지의 글을 나의 페이스북에 올렸다. 어느 교계 신문의 기자가 그 글을 읽고 기사로 올리겠다고 허락을 구했다. 도움이 된다면 그렇게 하라고 했다. 그래서 다음과 같은 글이 공개되었다.

'유구무언'. 진도 앞바다에서 일어난 세월호 침몰 사건에 관한 뉴스를 보면서 저는 이 사자성어를 생각했습니다. 희생당한 사람들을 생각해도 그렇고, 사고가 났을 때 책임 있는 사람들의 대처 방법을 생각해도 그렇고, 이런 사고를 원천적으로 만들어낸 사람들을 생각해도 그렇습니다. 슬픔이 정도 이상을 넘어가면 할 말을 찾을 수 없는 법입니다. 분노가 정도 이상을 넘어가면 적당한 말이 생각이 나지 않는 법입니다. 정말, 유구무언입니다.

이런 사건이 생기면 사람들은 묻습니다. "하나님은 어디 계셨습니까? 왜 하나님은 이런 일을 일으키셨습니까?"

하나님은 어디에나 계신 분이니 그 사고 현장에도 계셨을 것입니다. 꽃다운 청춘들이 물에 잠겨 있는 그곳에도 하나님은 계실 것입니다. 그곳에서 함께 우셨을 것이고, 함께 아파하셨을 것입니다.

하나님은 왜 아무 일도 하지 않으셨느냐고요? 왜 처음부터 그 사고를 막지 않으셨느냐고요?

그 사고를 막으려면 어떻게 해야 했을까요? 이 사고는 수많은 사람들의 크고 작은 탐욕과 그릇된 선택이 쌓이고 쌓여서 발생한 것입니다. 그러니 이 사고를 막으려면 그 사람들 모두의 마음을 고쳤어야 했습니다.

하나님은 인간을 지으실 때 자유의지를 허락해주셨습니다. 인간을 노예나 로봇으로 만들지 않고 스스로 선택하며 살도록 만드셨습니다. 그렇기 때문에 스스로 마음을 고쳐먹지 않으면 하나님은 억지로 마음을 뜯어 열고 고치시지 않습니다. 그렇게 되면 인간의 자유는 상실되고 맙니다. 사람들은 하나님에게서까지 자유롭기를 원하면서도 이런 일이 일어나면 왜 하나님이 막지 않았느냐고 질문합니다. 그렇게 질문하면서도, 자신이 행하는 일은 막지 말아주기를 바랍니다. 모순도 이만저만한 모순이 아닙니다.

사실, 하나님은 그들 모두의 마음을 고칠 준비를 이미 오래전에 해두셨습니다. 예수 그리스도의 십자가와 부활을 통해 우리의 죄된 마음이 새로 지어지고 거룩하고 의롭게 살도록 마련해두셨습니다. 이 사고를 예방할 만한 준비는 다 해놓았습니다. 문제는 사람들이 저마다 그것을 외면하고 자기 욕심대로 살기를 선택한 것에 있습니다. 그러니 하나님께서는 희생자들의 고난의 현장에서 함께 아파하는 것밖에 하실 수 없었을 것입니다. 어떤 면에서 십자가를 또 한 번 지신 것입니다.

하나님께서는 실종자 구조 과정에도, 사망자 수습 과정에도, 사랑하는 사람을 잃은 사람들의 애도 과정에도, 사고 원인 조사 과정에도 보이지 않는 모습으로 함께하실 것입니다. 그리고 이 소식을 듣고 함께 아파하며 기도하는 모든 이들에게도 함께하실 것입니다. 이제 남은 과제는 정신을 차리고 하나님께서 이 모든 것을 합하여 선을 만들어내시도록 돕느냐, 아니면 여전히 우리 각자의 타락한 욕심을 따라 사느냐에 있습니다. 그렇게 하지 않는 사람은 하나님을 비난할 자격이 없습니다.

다시 한 번 주님의 자비를 구합니다.

_〈뉴스앤조이〉(2014년 4월 18일자)

이 글을 쓸 때만 해도 그렇게 속절없이 다 잃어버릴 줄은 몰랐다. 삼풍백화점 사고 때처럼 충격과 아픔을 잠시 잠재우고 환희를 경험하게 할 만한 생환의 기적들이 연출될 줄 알았다. 하지만 그 희망은 이루어지지 않았고, 한숨과 눈물과 통곡과 절규만이 이어졌다.

얼마 후, 나는 이 글을 써서 올린 것을 후회했다. 한 글자 한 글자가 모두 껍데기처럼 느껴졌다. 당한 슬픔과 비극이 너무 크다 보니, 그 앞에서는 그 어떤 설명도, 논리도 힘을 잃었다. 이 글을 다시 읽을 때마다 얼굴이 화끈거렸고, 희생자의 가족 중에 누구라도 이 글을 읽고 나에게 분노를 터뜨릴 것만 같았다. 수많은 말로 친구들과 논쟁을 한 끝에 욥이 하나님을 만나고 나서 고백한 말이 생각났다.

잘 알지도 못하면서, 감히 주님의 뜻을 흐려놓으려 한 자가 바로 저입니다. 깨닫지도 못하면서, 함부로 말을 하였습니다(욥 42:3).

수많은 단어를 사용해도 부족할 신학적 주제를 이렇게 간단하게 요약한 데에도 문제가 있다. 하지만 '신정론Theodicy'(하나님의 통치하에서 악과 고통의 의미에 대한 논의) 문제에 대해 내가 가지고 있는 지식과 경험을 다 동원하여 간략하지만 핵심을 표현하려 했다. 지금 읽어도 머리로는 크게 흠 잡을 구석이 없는 글처럼 보인다. 그럼에도 마음에는 껍데기처럼 느껴지고 헛말처럼 읽힌다. 글을 쓴 나 자신에게도 그러니, 정작 슬픔을 당한 사람들은 얼마나 더 그랬을까? 끝을 알 수 없는 자신들의 아픔을 가볍게 여겼다는 탓을 들어 마땅한 글이다.

고난의 현실 앞에서 "왜?"라고 묻는 것은 당연한 반응이다. 이유라도 알면 그나마 그 고난을 받아들이고 소화하기에 도움이 되기 때문이다. 하지만 이 질문에는 '정답'이 없다. 장기판 위에 있는 말로서는 판세를 다 볼 수 없기 때문에 자신에게 일어나는 일을 이해할 수 없는 것처럼, 나를 둘러싼 세상의 모든 판세를 읽을 능력이 없는 우리에게는 "왜?"라는 질문에 답할 능력이 없다. 나에게 일어나는 고난의 이유를 밝히려면 세상의 흐름을 다 보아야 할 뿐 아니라, 과거와 현재와 미래까지 다 볼 수 있어야 하고, 물질적인 세계만이 아니라 영적인 세계까지 다 볼 수 있어야 한다. 그것은 신의 영역이다. 인간이 넘볼 영역이 아니다. 바울 사도가 고백한 그대로다.

지금은 우리가 거울로 영상을 보듯이 희미하게 보지마는, 그때에는 얼굴과 얼굴을 마주하여 볼 것입니다. 지금은 내가 부분밖에 알지 못하지마는, 그때에는 하나님께서 나를 아신 것과 같이, 내가 온전히 알게 될 것입니다(고전 13:12).

"왜?"라는 질문에는 정답이 없을 뿐 아니라 다른 사람이 답해 줄 것도 아니다. 답하는 것은 고난을 당한 사람이 스스로 할 일이다. 스스로 찾는 답만이 진짜 답이 된다. 앞에서 말했듯이, 정답은 없다. 하지만 '눈물의 골짜기'를 지나며 스스로 답의 실마리를 찾으면서 서서히 치유를 받는다. 그것은 오랜 시간과 힘겨운 방황을 요구한다. 평소에 믿음 안에 든든히 뿌리를 내리고 있었다 해도 고난의 현실 앞에서는 흔들리게 되어 있다. 교통사고 현장에서 딸과 아내와 장모를 한꺼번에 잃은 제럴드 싯처는 신실한 종교학 교수로서의 믿음을 잃고 무신론의 경계선까지 이르도록 방황을 했다. 《하나님 앞에서 울다》에서 그는 긴 방황의 여정을 고백한다.

누구에게나 그 시간이 필요하고, 영적 방황이 필요하다. 고난의 현실 앞에서 하나님께 저항하고 분노하는 것은 당연한 과정이다. 시편에는 고난의 현실 앞에서 하나님께 분노하고 따지고 때로는 저주를 퍼붓는 기도들이 많이 기록되어 있다. 그것은 '불경한' 기도가 아니다. 하나님 앞에서 자신의 감정을 감추고 위장하는 것은 영적인 죽음을 자초하는 일이다. 자애로운 부모가 자녀가 쏟아놓는 투정과 분노의 쓴물을 모두 빨아 마시는 것처럼 하나님도 그렇게 하신다. 그러므로 하나님 앞에 설 때는 민낯으로 대해야 한다. 마음에 있는 쓴물을 그분 앞에 토해낼 수 있어야 한다.

그러는 과정에서 상처는 조금씩 아물어간다. 긴 방황을 접고 믿음으로 돌아온 후에도 여전히 교리적인 설명은 와 닿지 않는 법이다. 다만, 치유의 진행 과정을 따라 하나둘씩 수긍하는 변화가 일어난다. 그렇다고 과거와 동일한 믿음으로 회복되지는 않는다. 방황의 여정을 돌아 원래 있던 자리로 돌아오는 것이 아니라 다른 곳으로 옮겨간다. 과거에 몰랐던 하나님을 알게 되고, 과거에는 몰랐던 믿음의 경지를 보게 된다. 과거보다 믿음이 식은 것처럼 보일 수도 있으나, 과거보다 더 성숙한 믿음으로 변화된 것이다.《고통과 씨름하다》에서 토마스 롱이 말한 것처럼 "세계관을 송두리째 무너뜨리는" 고난은 그 사람을 같은 지점에 놓아두지 않는다.

함께 있으라

조금 전 나는 "고난은 그 사람을 같은 지점에 놓아두지 않는다"고 썼다. 문제는 고난이 그 사람을 어디에 옮겨다 놓느냐에 있다. 어네스트 헤밍웨이가《무기여 잘 있거라》에서 "세상은 모든 사람을 파괴한다. 그런데 그들 중 몇 사람은 깨어진 곳에서 다시 일어난다"고 말했는데, 진실로 그렇다. 고난으로 인해 인격도 잃고 사람도 잃고 믿음도 잃는 경우가 있다. 반면, 고난으로 인해 더 깊고 향기 나는 인격으로 성숙하고 전과는 비교할 수 없는 순결하고 견고한 믿음으로 옮겨 갈 수도 있다. 믿음은 고난을 견디고 이기게 하는 힘이기도 하지만, 고난은 또한 그 믿음을 새롭게 하는 통로가 되기도 한다.

고난으로 인해 삶이 파괴되거나 믿음의 실종에 이르지 않고 치유와 회복을 거쳐 더 성숙한 믿음과 인격에 이르는 과정에서 필요한 것은 다른 사람의 찢긴 마음과 뜨거운 눈물과 함께하는 시간이다. 고난을 당하여 "왜?"라고 묻는 이유는 정답을 원해서가 아니다. 누군가 함께 있어줄 사람이 필요하다는 절규다. 숨을 쉬기 어려울 정도로 짓누르는 슬픔을 어찌하지 못하여 부르짖는 외침이다. 당한 고난이 크면 위로받기를 거절한다. 홀로 있도록 내버려달라 한다. 하지만 진실로 홀로 있기를 원하는 것이 아니다. 누군가가 자신을 기억해주고 먼발치에서라도 지켜보아주기를 원한다. 하나님은 고통 중에 있는 사람을 위로하기 위해 누군가의 살갗을 필요로 하신다.

얼마 전, 내가 섬기는 교회에서 63년 동안 섬긴 교우 한 분을 떠나보냈다. 그는 워싱턴에 있는 유명 의과대학교에서 그리고 대학병원에서 외과병리학 과장으로 은퇴했다. 그는 학교와 병원에서 존경받는 교수요 의사였고, 교회에서는 헌신적인 사랑으로 존경받는 장로였다. 자신은 검소한 생활에 만족하고 이민 생활에 어려움을 겪는 사람들에게 아낌없이 도움을 주었다. 교회가 사회의 길잡이가 되도록 바로 세우는 일에 열정을 다했다. 물질욕과 명예욕과는 상관없이 살았다. 그가 원한 것은 오직 하나, '참된 인간'이 되는 것이었다. 그렇게 살다가 노환과 암으로 인해 3개월 정도 고통을 당하다가 86세를 일기로 하나님의 부르심을 받았다.

그에게 두 아들이 있다. 두 아들 모두 미국 주류 사회에서 탁월한 능력을 발휘하고 있다. 큰 아들은 미국의 한 백화점 체인의 부사장으로서 미국 사회의 상위 1퍼센트에 드는 사람이다. 그는 민음 좋은 아버지와 어머니에게서 자랐지만 철저한 무신론자가 되었다. 하나님을 생각하기에 그는 너무도 능력이 뛰어났다. 자신의 노력으로 되지 않는 것이 없었기 때문이다. 지금은 자신이 속한 비즈니스 세계의 정상에 서 있고, 엄청난 부를 가지고 있다. 그에게 믿음은 우스갯소리에 불과했다.

뉴욕에 살던 그는 아버지가 위독해지자 교회 근처에 있는 그룹홈에 아버지를 모시고 장기 휴가를 내어 돌보았다. 지독한 통증으로 괴로워하는 아버지를 돌보면서 그는 생각했다. "역시, 내가 옳았다. 아버지가 믿었던 하나님이 살아 계시다면, 60년 넘게 교회를 섬기셨고 많은 이들에게 아낌없이 사랑을 베풀었던 아버지가 이렇게 고통스러운 방식으로 인생을 마감하도록 내버려두지 않았을 것이다. 아버지는 헛것을 믿으셨다. 하나님 같은 것은 없다!" 그는 아버지를 돌보며 자신의 무신론을 재확인했다. 아버지를 찾아온 목사에게 눈길도 주지 않았고, 아버지를 존경하여 방문하는 교우들을 귀찮게 여겼다.

시간이 지날수록 깊어가는 아버지의 고통과 씨름하며 그는 생전 처음 무력감을 경험했다. 자신의 머리와 자신이 동원할 수 있는 인력과 금력이면 못할 일이 없었다. 이번에도 그럴 것이라 생각했다. 하지만 점점 상황은 악화되었고 그것에 비례하여 자신의 한계에 대한 자각도 깊어졌다. 그의 교만이 서서히 무너졌다. 찾아오는 사람들에게 눈길을 주기 시작했고 공손해졌다. 가족 외에는 다른 사람에게 무조건적인 사랑을 주어본 일이 없는 그는 아무 조건 없이 찾아와 아버지를 돌보는 교우들을 이상하게 여기기 시작했다. 찾아오는 이들의 인격과 성품에, 그들의 조건 없는 사랑에, 그리고 변함없는 정성에 그는 감동했다. 그리고 믿음의 식구들이 모였을 때 일어나는 이상한 일들을 주목해 보았다.

마침내 그 아버지는 하나님의 부르심을 받았다. 아들은 아버지를 위한 고별 예배 자리에서 아주 긴 조사를 읽었다. 조사에서 그는 지난 10주 동안 자신에게 일어난 일을 회상하며 고백했다. 철저한 무신론자로서 자신이 아버지의 상태를 보고 처음에 어떤 생각을 했는지, 그리고 지난 10주 동안 아버지를 찾는 이들에게서 무엇을 보았는지를 고백했다. 그리고 마침내 그는 이렇게 고백했다. "이 불신자 아들에게 아버지와 어머니가 그렇게도 바라시던 일이 이제 이루어졌습니다. 아버지와 어머니가 믿었던 그 신이 존재한다는 사실을 이젠 제가 믿습니다. 저는 이제 신자believer가 되었습니다."

나는 이 말을 듣고 내 귀를 의심했다. 10주 동안 그를 겪어 알고 있었기 때문이다. 그가 얼마나 철두철미 무신론적이었는지, 그가 얼마나 높은 자리에 서 있었는지, 그가 다른 사람들을 대할 때 얼마나 고압적이었는지를. 그 아버지의 인격과 믿음을 존경했던 나는 그 아들을 겪으면서 그의 영혼을 걱정했다. 방문할 때마다 하나님께서 당신의 현존을 드러내 보여주시기를 구했다. 그처럼 단단한 불신의 마음은 인간의 말로 깨뜨릴 수 없음을 알았기 때문이다. 그래서 더 기도했다. 기도했지만 믿음이 부족한지라 그 일이 일어나리라고 기대하지는 않았다. 그래서 귀를 의심했던 것이다.

함께 있어주는 것, 그것이 고난을 당한 사람이 상실의 아픔을 헤쳐나가고 불신과 회의의 늪에서 빠져나오도록 돕는 가장 좋은 길임을 다시 한 번 확인했다. 고난당한 이에게는 같이 아파하고, 같이 분노하고, 같이 울어주는 사람이 필요하다. 그 사람과 그 상황을 위해 하나님께서 당신의 일을 하시도록 기도하는 것도 필요하다. 성령의 별명이 '위로자the Comforter'가 아니던가? 진정한 위로와 치유는 성령께서 하신다. 성령께서 그 일을 완수하실 때까지 함께 있어주고 기도해주고 버텨주고 울어주는 것이 우리가 할 일의 전부다.

세상을 초월하라

'세월호'라는 말을 처음 들었을 때 '세월歲月'을 떠올렸다. 세상을 주유하며 "세월아, 네월아" 노래하라는 뜻으로 지은 이름이라고 생각했다. 알고 보니, "세상을 초월하라"는 뜻의 '世越'이었다. 구원파에서 소유한 회사이니, 배 이름까지 신앙적인 의미를 담아 지었다. 알고 보면, 신앙의 본질을 잘 담아낸 이름이다. 믿음은 세상을 초월하게 하는 힘이기 때문이다. 바울 사도는 이렇게 권면하고 있다.

그러므로 여러분이 그리스도와 함께 살려주심을 받았으면, 위에 있는 것들을 추구하십시오. 거기에는, 그리스도께서 하나님의 오른쪽에 앉아 계십니다. 여러분은 땅에 있는 것들을 생각하지 말고, 위에 있는 것들을 생각하십시오. 여러분은 이미 죽었고, 여러분의 생명은 그리스도와 함께 하나님 안에 감추어져 있습니다. 여러분의 생명이신 그리스도께서 나타나실 때에, 여러분도 그분과 함께 영광에 싸여 나타날 것입니다(골 3:1-4).

성경에서 '세상'은 때로 심판받아야 하고 버림받아야 하며 벗어나야 하는 곳으로 그려져 있다. 그럴 경우의 '세상'은 하나님의 피조 세계나 인류 세계를 말하는 것이 아니라 '세상의 죄'를 말한다. 그것을 분별하지 못하면 '세월'의 믿음은 도피적 영성으로 흘러간다. 이번 사건을 통해 드러난 구원파의 행태는 그들의 영성이 도피적이며 거부적이며 피안적이었다는 사실을 증명했다. 지도자들은 그렇게 신도들을 오도하여 자신들의 욕망을 채웠고, 신도들은 그렇게 믿고 세상을 등졌다.

진정한 의미의 '세월'은 이 땅에서 하나님나라의 시민으로 사는 것이다. 히브리서 저자의 표현을 사용하자면 '고향이 따로 있는 사람들'(히 11:13)로 사는 것이다. 예수께서 말씀하신 대로 '세상 안에 있지만 세상에 속하지는 않은 사람들'(요 17:15-19)로 사는 것이다. 하나님께서 당신의 아들을 세상에 보내신 것처럼, 주님께서도 당신의 사람들을 세상에 보내신다. 이 세상에서 하나님나라의 가치를 위해 살아가라는 소명을 주신다. 이 땅에서 하나님나라를 위해 사는 삶은 십자가를 지는 것이다. 예수 그리스도의 남은 고난을 채우는 것이다. 하나님나라의 가치가 이루어지도록 낮아지는 길, 섬기는 길, 내어주는 길, 손해 보는 길, 그리고 마침내 죽는 길을 가는 것이다.

그 길은 우리의 인성으로는 갈 수 없다. 부활의 신앙이 없이는 이 길을 끝까지 갈 수 없다. 부활의 믿음은 십자가의 길을 가게 하는 능력이며, 십자가의 길을 거쳐서 부활에 이를 수 있다. 그래서 바울 사도는 이렇게 말한다.

> 내가 바라는 것은, 그리스도를 알고, 그분의 부활의 능력을 깨닫고, 그분의 고난에 동참하여, 그분의 죽으심을 본받는 것입니다. 그리하여 나는 어떻게 해서든지, 죽은 사람들 가운데서 살아나는 부활에 이르고 싶습니다(빌 3:10-11).

이번 사건을 통해 자신을 에워싼 작은 세상이 붕괴된 이들을 위해 기도한다. 눈물과 고통과 회의와 불신의 방황 끝에서 진정한 '세월의 영성'에 이르게 되기를! 이번 사건으로 인해 사회를 걱정하고 교회를 걱정하는 모든 이들을 위해 기도한다. 오늘날 한국 교회를 점령하고 있는 '세상을 등지는 영성'과 '세상에 집착하는 영성'('영성'이라는 이름을 붙이기는 했지만 이것은 거짓 영성이다)을 거부하고 이 땅에서 하나님나라를 위해 살아가는 진정한 '세월世越의 영성'을 품게 되기를! 그 영성으로 우리가 사는 세상을 좀 더 정의롭고 은혜가 넘치는 세상으로 바꾸어갈 수 있게 되기를!

김영봉 | 미국 버지니아 주 맥클린에 위치한 와싱톤한인교회 담임목사. 감리교 신학대학교 대학원에서 신학석사 학위를 받은 후 댈러스 소재 SMU 퍼킨스 신학대학원에서 공부했으며, 캐나다 맥매스터 대학에서 신약성서와 기독교 기원에 관한 연구로 철학박사 학위를 받았다. 《숨어 계신 하나님》, 《사귐의 기도》, 《바늘귀를 통과한 부자》, 《세상을 바꾼 한 주간》, 《가장 위험한 기도, 주기도》, 《엄마가 희망입니다》 등을 썼다.

세월절 지키기

-슬픔과 분노를 공동 기억으로 승화하기

백소영

한 생명 한 생명, 그들과 살을 부비며 특별한 이야기를 만들어 온 가족들의 구체적인 기억과 달리, 우리가 시민 공동체로서 함께 영원히 기억해야 하는 것은 무엇이어야 할까?

이 글은 〈복음과 상황〉 2014년 7월호에 실린 글 "애통과 분노를 '공동기억'으로 승화하기"를 '세월절'이라는 공동의례를 주제로 삼아 확장, 재구성하여 작성한 것이다.

기억하기, 공동의 의무

이제는 그만하자고 한다. 아니, 징글징글 끔찍하기까지 하단다. 304명의 생명이 스러진 것은 안타까운 일이나, 그런 사고가 어찌 세월호 하나뿐이더냐고, '한 해 교통사고 희생자 숫자보다도 적은' 죽음인데 그만큼 슬퍼했으면 되었다고들 한다. 산 사람은 이제 살아야 하지 않겠냐는 논리다.

맞다. 산 사람은 이제 살아야 한다. 실은 그래서, 산 사람이 살아야 해서라도 세월호 사건은 계속 기억되어야 한다. '사고'가 아니고 '사건'으로서 기억되어야 한다. '사고accident'란 인간의 의도성 없이 실수로 일어난 불행한 비극이다. 그러나 '사건event'은 의도성을 가지는 일이다. 세월호 침몰이나 늑장 구조에 대해 누가 어떤 의도성을 가졌었는지는 이제 찬찬히 밝혀야 할 일이다. 때문에 선불리 누가 배후에 있었다느니 어떤 일로 인함이라느니 추측성 이야기를 가벼이 할 일은 아니다. 그럼에도 구조 과정을 지켜보던 전 국민은 세월호 참사가 사고가 아니고 '사건'이었다는 것을 너무나 분명히 알고 있다.

어디서부터가 '의도된' 사건인지는 아직 몰라도, 적어도 우리는 그 큰 배가 급작스레 침몰한 것이 아니고 서서히 가라앉고 있는 상황에서, 그것도 망망대해가 아닌 연안에서, 또한 '구하는 것'이 전문인 사람들이 모여서도 손 놓고 있는 모습을 TV 화면을 통해 생생하게 지켜보았다. 세상에… 고기 잡는 일밖에 모르는 어부들조차도 그저 촌각이 달린 생명을 구해내려, 자칫 끌려들어 갈 수 있을 위험에도 불구하고 그 작은 통통배를 몰고 큰 덩치의 세월호로 내달렸는데, 그래서 90여 명을 구해냈는데… 갑판에서 여유롭게 통화를 하고 그 혼란 속에서 기계실 담당 선원들만 살뜰하게 챙겨 탈출하는 해경의 구명정을 두 눈 똑똑하게 보고서, 어찌 이 '사건'을 운이 나빴던 사고라고 말할 수 있겠나! 때문에, 다 구해낼 수 있었던 충분한 시간에도 불구하고 왜 제대로 된 구조를 하지 않았는지, 304명이나 되는 생명을 수장시킨 원인과 책임 소재를 명백하게 밝혀내고, 생명을 되돌릴 수는 없더라도 최소한 그에 상응하는 법적 대가를 치르게 할 일이다.

그러나 그러고 난 후에도 우리에게는 여전히 또 하나의 과제가 남아 있다고 본다. 바로 세월호를 사고가 아닌 사건으로, 공동체 단위에서 기억하는 일이다. 물론, 개인으로도 공동체로도 너무나 끔찍하고 고통스런 사건을 당하면 살기 위해 가장 먼저 선택하는 것은 망각이다. 그 고통을 잊어야 살 수 있기 때문이다. 매일매일이 2014년 4월 16일 같으면 어찌 살겠나? 생떼같은 자식을, 든든하던 남편을, 사랑스런 가족을 졸지에 잃었던 그 고통을 매일 생생하게 기억한다면, 어찌 숨을 쉬고 어찌 음식을 삼키며, 어찌 일상을 살아가겠나? 하여, 망각을 신의 선물로 여기며 하루씩 점점 희미해지는 기억 속에서 산 사람은 살게 되어 있다고들 한다.

실제로 그러하기도 하다. 내 골육친지를 잃은 것이 아니었으나, 나 역시 처음 서너 달은 일상이 어려울 정도의 고통에 시달렸다. 처음 2주간은 음식물도 삼키기 어려웠고 애써 먹은 것들은 그대로 올려버릴 만큼 몸과 맘과 영혼이 힘겨웠다. 잠조차 제대로 잘 수 없는 밤이 이어졌으며, 살짝 잠이 들면 여지없이 캄캄한 어둠 속에서 커다란 배에 갇혀 숨을 못 쉬고 괴로워하다 식은땀이 잔뜩 난 상태로 깨기가 일쑤였다. 부활절 아침에는 '엄마' 하고 내 옷자락을 잡아당기는 단원고 여학생의 꿈을 꾸었고, 한 아이 한 아이 사연이 전해지고 그 아이들의 꿈이 알려질 때마다 하루를 사는 것이 고통스러웠다.

그러나… 감정적 고통은 한 해가 지나는 동안 점점 사그라들었다. 일상에 적응해가는 내 모습이 죄스러워 학교 가는 길에 일부러 종로 2가에 내려 광화문까지 걸어갔다가 출근을 해보기도 하고, 한 해를 마치는 즈음엔 안산 하늘공원에 들러 한 아이 한 아이 사진을 마주하며 하염없이 시간을 보내기도 했다. 그러나… 고백하건대 나는 작년 이맘때보다는 살 만하다. 밥도 잘 먹고 가끔은 깔깔 웃기도 하며 내 아이와 즐거운 시간을 보내며 아주 자주 행복을 느낀다.

이런 내가 한심하여 문득문득 자책이 들었다. 지속적으로 애통하지 못하는 내가 죄스러웠다. 그러다가 최근에서야 깨달은 것이 있다. 아, 우리가 '잊지 않겠다'고 했던 약속, '영원히 기억하겠다'던 맹세는 감정적 슬픔, 그 이상이어야 하겠구나! 하늘의 꽃이 되고 별이 된 그이들이 설마 전 국민이 집단 우울증과 죄책감으로 평생 살기를 바라겠는가? 어찌 우리가 친부모, 직계 가족만큼 아플 수 있겠는가! 설사 처음엔 그만큼 힘들었다 해도 점차 자신의 일상에 익숙해지기 마련인데… 그렇다면, 한 생명 한 생명, 그들과 살을 부비며 특별한 이야기를 만들어온 가족들의 구체적인 기억과 달리, 우리가 시민 공동체로서 함께 영원히 기억해야 하는 것은 무엇이어야 할까?

그 문제를 고민하다가 하나의 사건으로서 세월호가 가지는 사회적 의미를 시민사회의 의무로서 기억해야겠다는 생각이 들었다. 작년 〈복음과 상황〉 7월호에서도 그 제안을 잠시 나눈 바 있다. 시민적 공동기억을 위한 공동의례 행위를 제안하면서 말이다. "국민적 차원의 단일 의례가 가능한지 몰라도, 적어도 교회만큼은 연대하고 연합하여 이 아이들을 기억하고 수많은 생명을 죽음으로 몰아간 사회악을 잊지 않는 '의례'를 만들었으면 한다"고 말했었다. 사실 공적 지면에 그런 제안을 하면서 우려와 망설임이 컸다. 유가족과 국민들의 고통이 너무나 커서 집단 트라우마가 된 이 사건을 '의례화'하여 영원히 기억하자는 말이 어찌 들릴지 걱정되었기 때문이다. 숨 쉴 수 없을 만큼 끔찍한 기억들은 잊어야 산다는데, 이 잔인한 기억을 어찌 의례로까지 만들자는 말인가?

그러나 기도하고 고민하기를 계속해도 내 마음속에서 멈추지 않은 생각은 세월호 참사를 시민의 공동기억으로 영구화해야 한다는 것이었다. 종교사회학적으로 의례란 일상과 구별되어 공동체적 의미를 담아 수행되는 반복 행위를 의미한다. 이를 통해 한 공동체는 집단으로서 꼭 공유해야 하는 과거를 현재로 계속 불러오게 된다. 이로써 정체성을 유지하고 구성원 간의 유대와 책무를 견고히 해가는 것이다. '공동의례'는 특수한 집단이나 개인의 이익을 위해 진행되는 의식이 아니다. 개별성과 특수성을 초월하여 공동체 전체를 위해 기여하기 때문에 공동의례는 '성스럽다'. 세월호 사건을 '의례화된 기억'으로 반복한다면 이런 공공의 의미에서여야 한다.

우리의 시민사회가 이 정도는 성숙하다고 믿고 싶다. '망각하기', '덮어버리기', '외면하기'는 아직 덜 자란, 혹은 심신이 미약한 상태에서 현재를 버텨내기 위한 방편일 뿐이다. 정신분석학에서 '해리解離'라고 부르는 작용이 공동체 안에서도 가능하다고 본다. 떠올리면 죽을 것 같은 상황이라면, 우리가 이를 극복할 만큼의 성숙도가 없는 상황이라면, 맞다. 우선은 선택적으로 편집하여서라도 과거를 '잊는 것'이 사는 길이다. 그러나 지금 우리 사회에서 '그만 잊자'고 외치는, 아니 이미 잊은 듯 보이는 사람들을 보면, 그들이 너무나 고통스러워서 살아보고자 망각을 선택했다고는 보이지 않는다. 오히려 그들은 이 고통을 느껴본 적이 없는 것

같다. 정말 유가족의 고통을 공감했다면 어찌 자식 잃은 부모를 향해 '시체 장사'를 한다는 모진 말들을 내뱉고 곡기를 끊은 아비 어미 앞에서 음식 먹기 퍼포먼스를 할 수 있겠는가? 사망자 명단 앞 인증샷이 어찌 가능하고, 경기침체 원인을 유가족들에게 돌릴 수 있겠는가? 공감능력을 상실한 이들은 마치 애국심에 고무된 양, 사회를 우울하게 만드는 침통한 분위기를 어서 빨리 극복하자고 목소리를 높인다. 다시 열심히 살아낼 때라고 말이다. 하지만 프로이트도 말한 바지만, 충분히 애도하지 않은 사람들의 고통은 우울증이라는 정신적 병증이 된다. 그리고 2014년 4월 16일을 충분히 애도케 하지 않는다면 이 우울증이 얼마나 더 큰 사회적 병증을 낳을지, 나는 그것이 심히 두렵다.

공동의례의 힘, 과거를 계속 현재로 불러오기

'세월절' 지키기는 유대인의 유월절을 떠올리며 가졌던 생각이다. 몇몇 목사님들의 망언처럼, 대한민국 전체를 회개시키기 위해 하나님께서 유월절의 어린양들처럼 세월호 아이들을 희생제물로 쓰셨다는 말은, 결코 아니다. 내가 믿는 하나님은 그럴 리 없으신 분이다. 당신이 낳은 생명은 풀 한 포기 참새 한 마리도 아끼시는 분이다. 생명이 스러지는 것을 그 어느 누구보다 가슴 아파하시는 '창조자'이시다. 이런 하나님께서 어찌 그 예쁜 생명들을 제물로 쓰셨겠나! 어림없는 발상이다!

다만, 공동기억의 의무를 생각하며 유월절을 떠올린 까닭은 한 공동체가 함께 경험했던 역사적 사건을 의례화했을 때 갖는 힘을 알고 있기 때문이다. 유대인들이 국가라는 정치체를 완전히 잃어버렸던 시기는 기원후 70년이다. 이후 1948년 국가 수립까지 근 2천 년을 땅도 정치체도 없이 세계 각국으로 흩어져 산 민족이 유대인이다. 그럼에도 그들이 민족적 정체성과 공동체적 신앙을 유지할 수 있었던 까닭은 어디에 있었을까? 우수한 민족성이나 하나님의 특별하신 선택 때문이라고 답하는 이들이 있으나, 나는 유대인의 공동체적 결속의 힘이 유월절이라는 큰 유대절기의 반복 의례 덕이라고 본다.

유월절은 해방의 기쁨을 기억하는 의례였다. 이집트의 압제에서 벗어났던 기쁨과 그 과정 가운데 함께하셨던 하나님의 역사를 찬양하는 절기였다. 그 구원의 역사가 유대 공동체의 핵심적 기억이며 정체성이라는 고백은 유월절 의례를 통해, 공간이 다르고 언어가 다른 곳으로 흩어진(디아스포라) 유대인들을 하나의 공동체로 묶었다. 그리고 이들로 하여금 소망하게 했다. 언젠가는 하나님이 다시 자신들을 하나의 공동체로 회복해주실 거라고. 의례를 통해 과거의 기억을 현재로 불러오며 지속적으로 소망한 미래가 이들에게는 결국 도래했다. 이스라엘의 건국을 이루어냈으니 말이다. 물론 유대인들이 현재 가지고 있는 배타적 '시온주의'는 정당화될 수 없다. 자기 공동체의 구원이 다른 공동체를 향한 폭력

적 탄압에 기초하여 이루어지는 것은 결코 '하나님의 구원 역사'
가 아니기 때문이다.

그러나 여기서 내가 주목하고자 하는 것은 유월절의 공동의례
적 힘이다. 물론 대부분의 공동체는 함께 기억하고 싶은 자랑스
러운 성취의 기억들을 의례화한다. 우리나라로 치면 삼일절이나
광복절이 그런 절기일 것이다. 그런 점에서 '세월호 사건과 같이
애통할 일, 다시 일어나면 안 되는 참사를 무엇하러 절기를 지켜
가며 의례화하나?' 하는 의문이 들 수도 있다. 하지만 아프고 고
통스러운 기억도 반복하지 않으려면 기억해야 하는 것이 맞다.

작은 단위의 의례였지만, 사사기 입다의 이야기에는 입다의 섣
부른 서원으로 희생된 그의 딸을 기억하는 공동의례가 나온다.
언제 여호와께서 사람을 번제물로 받으신 적이 있었나? 그럼에도
암몬 족속과의 전쟁에서 꼭 이기기를 열망했던 입다는 자신의 사
적 욕심에서 여호와께 서원을 했다. 그 전쟁에서 이기면 입다를
길르앗의 '머리'가 되게 해주겠다고 길르앗의 장로들이 약속했기
때문이었다. 사사기 어디에도 야훼 전쟁을 수행하는 사사가 자신
의 사적 열망에서 그 전쟁을 꼭 이겨야 한다고 생각했던 적은 없
었다. 그러나 이복형제들에게 멸시받고 쫓겨났던 입다에게 고향
으로 금의환향할 수 있는 절호의 기회였던 그 전쟁은, 야훼의 영
광과 공동체의 안전을 위해서뿐만 아니라, 자신의 사적 복수를
위해서도 꼭 이겨야 하는 전쟁이었다. 때문에 입다는 야훼께서
싸우시는 싸움에서 불필요한 개인의 서원을 서슴지 않았다.

성서에서도 필시 손에 꼽히는 비극일 입다의 딸 이야기가 기록된 까닭은 무엇일까? 다른 사사들처럼 야훼 전쟁에서 앞서서 싸우시는 여호와의 임재를 증거한 것도 아니고, 입다 이야기에서는 왜 하필 그의 사적 서원으로 희생된 딸의 이야기를 그렇게나 상세하게 기록했을까? 나는 '입다의 딸' 에피소드의 핵심 교훈이 마지막 서술에 있다고 본다.

> 그가 그 동무들과 함께 가서 산 위에서 처녀로 죽음을 인하여 애곡하고 두 달 만에 그 아비에게로 돌아온지라. 아비가 그 서원한 대로 딸에게 행하니 딸이 남자를 알지 못하고 죽으니라. 이로부터 이스라엘 가운데 규례가 되어 이스라엘 여자들이 해마다 가서 길르앗 사람 입다의 딸을 위하여 나흘씩 애곡하더라(삿 11:38-40, 한글 개역).

한글 개역성경에 '죽으니'라고 번역된 부분이 히브리어 원문에는 없다 하여 입다의 딸이 실제로 번제로 드려진 것이 아니라 하나님의 성막에서 처녀로 일생을 봉사하는 사람으로 드려졌다는 해석도 있다. 그러나 여기서 나의 관심은 입다의 딸이 실제로 번제물이 되었는가의 주석적 논의보다는, 이스라엘 여자들이 해마다 반복했다는 공동의례에 있다. 입다의 딸을 위하여 나흘씩 애곡했던 것 말이다. 결혼을 하고 다산의 축복을 받는 것이 당시 여인들의 행복한 삶의 척도였기에 그녀가 '처녀'로 머물 수밖에 없음을 애곡했다고 한다면 이는 개인적이고 사적인 위로다. 개인적 불행이라면 '이스라엘 여자들'은 왜 굳이 공동체적으로 이를 함께 애곡했을까? 그것도 왜 해마다?

다시는 이 공동체에서 벌어지면 안 될 일, 매번 기억하며 현재에 경계를 삼아야 할 '사건'이기에 해마다 나흘씩 함께 공동의 규례로 애곡한 것이 아닐까? 사적 욕심으로 하나님께 서원하지 말 것, 더구나 인간의 생명을 수단시하고 자신의 소유물로 여겨 희생하는 것은 애통할 일이라는 것! 입다의 실수가 빚은 참담한 사건을 우리는 잊지 말자, 해마다 기억하자, 한 번의 사건이었으나 우리 공동체에서 다시는 그런 일이 일어나지 않도록 해마다 애곡함으로 기억하자! 그런 의미가 아니었을는지.

같은 의미에서 세월호 참사는 우리에게 영원히 기억되어야 하는 '사건'이다. 고통스럽고 아프지만 그래서 이 기억을 의례화할 의무가 있다. 소유주가 이름 지었다는 세월호의 '세월世越'은 세상을 초월한다는 뜻이었다. 너무나 상징적인 이름이다. 세월호 참사가 그저 하나의 안타까운 사고였다고 여기면서, 지금 우리 삶의 한가운데를 가로지르는 생명 경시의 사회 시스템을 똑바로 직면하여 바꾸지 못하고 '초월'해버린다면, 제2의 세월호, 제3의 세월호는 계속되는 '사건'으로서 우리에게 반복될 것이기 때문이다. 기쁘게 소고 치며 노래를 부를 일이 아니므로, 애통하고 분노하는 방식으로 의례를 만들 일이다. 어찌 즐겁고 기쁜 일만 기억할까? 다시 반복되어서는 안 될 공동체의 기억, 그 일이 다시 일어나지 않으려면 우리가 그날의 애통함을, 분노를 계속 잊지 않아야 한다.

어쩌면 예수께서 굳이 유월절을 택하여 예루살렘행을 감행하셨던 까닭도 공동체적 기억을 상기시키고자 함이 아니셨을까, 그런 생각을 해본다. 하나님을 '아버지'라 부르며 성전 중심의 제사장들과 율법에 매인 랍비들을 놀라게 한 일이 어디 한둘이었던가! 이 회칠한 무덤아! 외식하는 자들아! 마음이 완악한 것들아! 백주대낮에 권세 있는 종교지도자들에게 이렇게 맞짱을 뜨며 믿음을 통한 신자 개인의 신적 소통 능력을 3년 내내 공포했던 예수였다. 로마 황제에게, 헤롯에게, 거기다 유대 성전지도자들에게 삼중으로 부담을 져야 했던 예루살렘 민중들 다수는 안식일에도 제대로 안식할 상황이 못 되는 사람들이었다. 본래의 안식일이 가졌던 정신은 다 잃어버리고, 장로들이 만들어놓은 세부조항에 얽매여 다수의 이스라엘 민초들을 '안식법을 범한 죄인'이라 정죄하는 그들에게 예수는 '너희 눈의 들보나 봐라', 야무지게 비웃어주신 분이다. 예루살렘 성전 제의를 중심으로 기득권을 유지하고 있었던 사람들에게는 이미 밉보일 만큼 밉보인 상황이었다.

그런데 예수는 굳이 공동체적 기억의 절기인 유월절을 택해, 죽을 줄 알고 예루살렘으로 향하셨다. 인간이 만든 안식'법'을 내세우며 사람 살리는 일조차 율법을 범했다고 시비를 걸던 완악한 마음을 향해 분노했던 예수는, 예루살렘 성전에서 제대로 일을 내셨다. 속죄제의를 통해 한몫 단단히 챙기려고 성전을 온통 시장 바닥 같은 '강도의 소굴'로 만들었던 탐욕스런 마음을 향해 예수는 행동하는 분노의 영성을 표출하셨다. 이런 성전이라면 '돌위에 돌 하나도 남지 않고 다 무너져라' 저주마저 퍼부었다. 그리고 결국은 당시 정황상 충분히 예상 가능했던 십자가를 맞이했다. 인간적으로 전혀 불가능해 보이는 상황에서 오직 믿음으로 하나님의 명령에 순종함으로 자유를 얻었던 처음의 유월pass-over 사건처럼, 그렇게 예수께서는 믿는 이들이 제의종교가 아닌 각자의 믿음으로 사랑이신 하나님께 죄 사함을 받을 수 있고 구원을 얻을 수 있다는 '복음'을 선포하시다가 '생명보다 이윤이 먼저였던' 탐욕스런 성전 제사장들에 의해 죽임을 당하신 거다.

기독교는 이렇게 '십자가 사건'을 믿음의 중심에 놓고 의례화한 종교다. 부활을 믿고 노래하고 희망하는 종교이지만, 십자가없이 부활은 없다. 그 의미를 제대로 파악하지 못한다면 기독교는 가학적 종교가 된다. 로마의 가장 잔인한 형벌이었던 십자가 죽음을 어찌 종교적 공동체 의례의 중심에 놓을 수가 있겠나? 유대교는 십자가에 담긴 예수의 핵심 메시지를 거부했고, 오늘의 기독교는 예수께서 스스로 상징이 되시면서까지 가르치고 싶으셨던 '유월절의 핵심 메시지'를 오해하고 있다.

해마다 4월 16일이 되면…

팽목항에서 노란 종이배를 띄우며 연합예배를 드리든, 서울광장에서 노란 바람개비를 만들어 평화행진을 하든, 아니면 노란 리본을 가슴에 달고 안산에 모여 아이들의 이름을 하나하나 애타게 부르고 애도의례를 진행하든, 그리고 아직 밝혀지지 않았다면 사건을 참사로 몰아간 원인과 진상을 규명케 하는 시민적 저항의 날로 삼든, 그 형식과 내용은 계속 의논할 문제다. 예배학과 공동의례를 훈련한 이론가들, 매주 예배의식을 수행하는 목회자들, 그리고 무엇보다 잃어버린 생명들을 가슴에 묻은 유가족들이 함께 모여 '세월절 의례'를 만들었으면 싶다. 기왕이면 대한민국 시민공동체 모두를 초청할 수 있는 포괄적 의례이면 더욱 좋겠다.

한 해 만에 완성도 있는 의례를 만들겠다는 것은 어찌 보면 그것 역시 인간의 탐욕이다. 세월절 의례가 시민사회의 공동체적 기억을 촉구하는 의례가 되어야 할진대, 어쩌면 기독교적 상징은 포기해야 할 수도 있다. 그건 일종의 '번역translation' 작업과도 같은 일이다. 생명을 살리시는 하나님, 온 생명이 차등 없이 안전하게 이 땅에서 난 대로의 삶을 누리는 세상을 만들기 원하시는 하나님, 이런 고백이 담겨야 하겠으나 이는 기독교인들만의 내부적 언어이다. 우리끼리만 '아멘'으로 화답하고 소통할 수 있는 모국어다. 그러나 시민사회와 연대함에 있어 기독교 내부적 언어를 사용하는 것은 소통의 단절, 의미의 오해를 불러일으킬 수 있다.

타협에의 제안이 아니다. 이건 '번역'에의 제안이다. 어떤 형식으로라도 반복되어야 하는 '세월절' 의례의 목적은 분명하다. '이윤보다 생명이 우선'이라는 메시지의 확인! 그것이 전도顚倒되었을 때 어떤 일이 벌어지는지를 기억하기! 우리의 애통함과 분노가 현재를 향한 비난에 그치지 않고 세월호 '이후'의 사회제도를 달리 만들기 위한 원동력이 되도록 하기! 생명을 살리고 생명이 풍성하게 누려지는 하나님나라의 질서를 가까이 오게 하는 일이라는 점에서, 기독교인들이 이 공동의례를 만들고 이에 참여하는 일은 충분히 신앙적이라고 믿는다. 그러나 기독교 공동체를 넘어 대한민국 시민사회가 이 생명의 의례를 함께하기 위해서는 모두가 동의하고 이해하고 참여할 수 있는 공동의례 형식과 언어가 필요하다고 생각한다.

실은 이제 시작이다. 네가 만들어봐라! 혼자 할 일이 아니다. 한 공동체가 주도권을 쥘 일도 아니다. 그러나 작게라도, 구체적으로, 여기저기서 시도해야 할 일이기는 하다. 언 땅을 뚫고 피어나는 봄의 들꽃처럼 제 자리에서 생명의 기운으로 솟아나면 된다. 때론 기독교 공동체만의 공동의례로, 어디서는 시민사회가 연합한 공동의례로 현실화되는 움직임들이 불쑥불쑥 언 땅을 뚫고 솟아나기를… 그래서 견고하고 높아 보이기만 하는 '죽임과 죽음'의 이 '자본' 우선의 시스템에 구멍을 뚫고 생명의 숨바람이 불게

하기를… 이것이 꽃이 되고 별이 된 이들을 우리가 영원히 잊지 않는 하나의 구체적인 실천이라고 믿는다.

백소영 | 이화여자대학교 기독교학과 외래교수. 이화여대와 보스턴 대학교에서 기독교사회윤리학을 전공했다. '개신교', '여성', '한국(동아시아)', '근현대 문화'라는 키워드를 중심으로 학문적 지식생산에 몰두하고 있으며, 연구 주제와 관련된 대중특강도 활발히 진행 중이다. 《우리의 사랑이 의롭기 위하여: 한국교회가 무교회로부터 배워야 할 것들》, 《드라마틱》, 《인터뷰 On 예수》, 《세상을 욕망하는 경건한 신자들》, 《엄마 되기, 힐링과 킬링 사이》 등을 썼다.

악의 문제에 대한
하나님의 부담과 인간의 책임

차정식

우리는, 특히 그 희생자들의 유가족은, 그 불행한 참사로 세
상을 떠난 무고한 생명들의 피에 대하여 정의로운 신원이 이루
어질 수 있기를 하나님께 간청해야 할 의무와 권리가 있다.

'세월호' 후유증

세월호 사태 발생 1주기를 맞으며 만감이 교차한다. 그 사고 소식을 처음 접하고 나서 덜컥 내려앉던 경악스러운 느낌에서, '설마 그렇게 큰 배가 그렇게 많은 어린 생명들을 품고 통째로 가라앉으랴' 하는 은근한 기대로, 그러나 사태가 점점 더 꼬여가고 구조작업에 아무런 진척이 없게 되면서 생기던 하루하루의 불안으로 번지더니, 마침내 깊은 절망과 함께 크나큰 분노가 휘몰아치기 시작했다. 이 모든 재앙에 개입한 무책임한 인간들의 어리석은 판단과 사악한 거짓과 기만, 그것을 미봉으로 덮어버리려는 교활한 술책, 나아가 이 모든 사태를 총 책임지고 지휘하여 신속, 정확하게 사고에 대응해야 했을 권부와 해당 관료세계의 우두머리들이 드러내 보인 뻔뻔한 수준의 무감각과 무능력이라니…. 대다수 연약한 국민들이 겪었을 심적인 고통과 부담은 비슷했던 것 같다. 간절한 기원과 간구로, 인간이 무능력해진 자리에, 책임자가 책임을 놓아버린 마당에, 절대자 하나님의 도움이라도 개입하여 뭔가 물속에서 기적적인 낭보가 전해지기를 기다리며 애태우던 시민들이 한둘이 아니었을 것이다.

　어느 날 나는 하도 답답해서 내가 믿는 하나님께 참 고약하고 독한 기도를 드리기도 했다. '저 순진하고 어린 학생들 대신 차라리 죄 많고 때 많이 묻은 이 한 몸을 데려가면 어떻겠냐'고, 아브라함이 소돔과 고모라 성 멸망을 앞두고 하나님과 거래하듯이 나는 거래라도 하면서 범국민적 울분과 원통함을 다스리고 싶은 심정이었다. 그러다 지칠 때 나는 꿈속에서 잠수부가 되어 배 속으로 들어가 컴컴하고 차가운 그 물속에서 가슴 졸이며 무언가를 열심히 찾다가 식은땀을 흘리며 깨어나기도 했다. 너무 예민한 체질 탓이었을까. 꿈속의 무의식도 그렇게 소생의 기적을 바랐건만, 아무런 희망적인 일도 일어나지 않은 채 사태는 점점 더 악화되어갔다. 이내 시체로 되돌아온 그들 앞에 그 가족들이 앞장서고, 국민 모두는 다들 상주가 된 심정으로, 죄인 중의 괴수가 된 꿀꿀한 기분으로, 이 긴 애도의 행렬에 몸으로, 마음으로 동참하게 되었다.

　그 뒤로 또 세월이 흘러 조문과 애도의 분위기가 숙질 무렵, 철저한 사태 규명을 위한 위원회 구성과 법제적 처방은 자꾸 공전하면서 희생자 유가족들에게 실망을 안겼다. 한쪽에서는 이러한 현실을 규탄하기 위해, 이런 비극을 망각하지 않기 위해 분노한 시민들이 압박을 가했고, 또 다른 일각에서는 이 재앙의 이면에 깊이 뿌리박힌 한국 사회의 총체적인 안전 불감증을 버릇처럼 논하고 분석하기 시작했다. '시스템', '컨트롤타워' 등의 어휘가 신문지상에 자주 오르내렸고, 그 뒤로 해경 해체라는 충격 요법도 발표되었다. 좀 더 사람들 마음이 진정되면서 이 국민적 트라우마 사태는 불경기 악화의 사회적 분위기 속에서도 이 사건을 일으킨 인간들에게 내재한 악의 심각한 실체를 사유하려는 시도가 정제되지 않은 거친 목소리에 단편적으로 실렸다. 심리학자가 유가족의 심리적 상실감을 치유하려는 여러 제안을 하였듯이, 신학자의 입장에서 이러한 예기치 않은 불행을 신적 섭리와 경륜 속에 조명해보거나 큰 사건 사고만 터지면 등장하는 하나님의 계시적 경고라는 보수정통의 해석도 민낯을 들이대며 한 귀퉁이 거들고자 나섰다.

무슨 말을 해도 악을 쓰며 내질러야 할 것 같은 그 아픔의 세월이 세월호란 이름과 함께 그렇게 1년간 흘러갔다. 그 세월을 지나면서 세월호 후유증은 잘못 건드리면 금세 덧나고 탈이 나서 터질 것만 같은 시대적 아픔의 진원지로 자리잡아갔다. 그렇다고 해결된 것은 아무것도 없이, 그저 그 통증의 수렁에서 자맥질하는 사람들을 맥 빠지게 기다리게 만드는 정치권과 중앙당국의 무기력증 속에 인간의 사악함에 대한 반성의 밀도와 그것을 비평적 사유의 망 속에 냉엄하게 추궁하고자 하는 기억의 촉수도 점차 둔감해져가는 듯하다. 아픔의 실체를 또렷이 응시하며 붙잡아두려는 기억의 집요한 동력에 은근히 길항하는 망각의 관성이란 게 그렇게 무섭다.

인간의 악, 하나님의 위치

악의 문제를 논하면서 젊은 아우구스티누스가 품었던 형이상학적 고뇌를 여기서 상세하게 재론할 만큼 우리는 한가하지 않다. 그것은 이론적 체계보다 앞서 신속하게 어제와 오늘의 우리 삶을 침식하고 위협하는 실체적인 현실이요 보편적인 현상이기 때문이다. 마니교와 신플라톤주의 사상에 영향을 받은 이 고대의 신학자는 존재(=있음)를 선으로, 무(=없음)를 악으로 보았다. 그렇다면 이 땅에 존재하는 수많은 악의 행실과 그것을 저지르는 악인의 존재는 무엇이란 말인가. 이에 대한 다소 궤변적인 해답은 악이란 기실 선의 부재요 결핍이라는 것이었다. 여기서 의문이 끝나지 않는다. 오히려 이러한 공식은 의문의 새로운 시작을 제공한다. 선의 부재와 결핍이 악이라면 그 모든 악의 기원은 어디서 비롯되는가. 태초 인간의 죄를 문책하면서 아담과 하와의 불순종이 그 모든 재앙의 출발점이었다고 못박아놓으면 간단하겠지만, 그들이 불순종할 수 있는 여건을 제공한 선악과나무의 의도를 물고 늘어지면 사정은 점점 더 복잡해진다. 그것이 하나님의 주권을 표상하는 상징물이었다고 인정하더라도, 그 주권이 절대주권이라면 인간에게 부여한 그 알량한 자유의지가 얼마나 허망하게 유혹받으며 얼마나 연약하게 허물어질 수 있는지도 그 절대주권의 영역 속에 사전에 현명하게 통찰되었어야 마땅하지 않았겠는가. 그래서 하나님은 이 땅에 악을 불러들인 궁극적인 책임자로,

또는 그 악의 자가발전을 용인한 방기자로 자주 의혹의 대상이 되곤 한다. 여기서 불거지는 신학적인 쟁점이 바로 '신정론'이라고 하는 것인데, 이 주제가 바로 인간 세계의 선과 악, 그것이 하나님의 주권과 통치에 연루되는 방식을 다루는 신학적 과업과 밀접하게 상관된다.

공의로운 하나님, 자비로운 하나님이라면 마땅히 그의 언약 백성에게 쓸데없는 개고생을 시키지 말아야 한다, 행여 원치 않게 악한 환경을 만나더라도 즉각 피할 길을 내시어 정당하지 않은 고통을 겪게 하지 말아야 한다, 아무리 인간이 잘못을 저지르더라도 그것을 깨달아 뉘우치면 하나님의 자비는 무한하게 흘러넘쳐 즉각 회복의 은총으로 발현되어야 한다, 인생을 강건하게 연단시키기 위한 고난이라 할지라도 욥의 경우처럼 한 가족을 해체시키는 잔인한 결과를 초래해서는 안 된다… 등등의 논제를 신정론의 차원에서 충분히 제기할 수 있다. 구약성서의 진지한 예언자들이 민족의 고난 어린 현실과 마주하며 던진 가장 치열한 질문도, 시편의 탄식 시편에서 일관되게 제기한 질문도, '어찌하여 이런 일이 당신의 백성들에게 일어날 수 있는가'와 '언제까지 이런 고통이 지속되는 것인가'였다.

이러한 신정론적 질문은 결국 이 땅에서 다른 이방족속도 아니고 하나님이 택하여 사랑하신다는 언약백성에게 합당치 않은 재앙이 닥쳐 원치 않는 고난을 당하는 것에는 하나님 쪽에 뭔가 책임이 있는 게 아닐까 하는 의혹을 담고 있었다. 말이야 옳은 말이지, 십계명에 보면 하나님은 그 계명을 신실하게 준행하는 자들에게 복을 천 대까지 베풀고 불순종하는 자들에게는 벌을 삼사대까지 주겠다고 약속하지 않았던가. 그 말을 액면 그대로 받아들인다면, 이스라엘의 역사가 전혀 다르게 전개될 수도 있을 것 같았다. 아브라함과 이삭과 야곱, 모세, 다윗, 요시야 등과 같은 쟤쓸 만한 지도자들, 또 당신의 뜻을 받들어 맹렬하게 헌신한 사무엘, 엘리야/엘리사, 호세아, 아모스, 이사야, 미가 등과 같은 예언자들의 신실함을 생각한다면, 아무리 많은 사람들이 당대에 악행을 저지르고 죄를 지었다고 해도, 천 대까지 복을 주지는 못할망정 그렇게 강대국의 외세에 시달리게 하면서 온 민족을 송두리째 어육을 만들지 않을 수도 있었을 텐데 하는 탄식이 저절로 나올 만도 하다.

시험으로서의 악에 대한 변증의 관점

예수의 주기도문에 '우리를 악에서 구해주소서'라는 간구문이 들어 있는 걸 보면 신약시대에 와서도 이 고질적인 악의 문제가 근본적으로 해결될 기미를 보이지 않았던 모양이다. 여기서 '악'에 해당하는 희랍어가 '악'이라는 객관적 실체를 가리키는지, 구체적인 개별적 경험으로서 악한 것을 지칭하는지, 아니면 '악한 사람'을 의미하는지 다소 논란의 여지가 있지만, 이 모든 것들의 편차는 그리 크지 않다. '악'이라는 실체가 추상적 관념이 아니라 우리가 살고 있는 이 땅의 일상적 삶의 현장에서 늘 부대끼는 곤경이기에, 중요한 것은 그 악과 맞서 싸우는 일 혹은 그 싸움의 한시적 승패와 무관하게 하나님이 직접 개입하셔서 우리를 그 악의 상황에서 구해주느냐 여부이리라. 그 구조/구원의 정당성은 그 악의 기원이야 어찌되었든 현재 인간 사회에 악이 방치되고 있는 현실에 대하여 하나님도 공동 대응의 책임이 있음을 암시한다. 또 그럴 수 있는 절대적 능력자라는 점도 당연히 전제된다. 이 구절은 또 그 악으로 인해 그의 백성들이 쓸데없이 고생하지 않도록 하나님이 아버지가 되시어 자식들을 챙겨주시는, 보호자로서의 온정과 자비로운 간섭이 필요함을 역설하는 듯하다.

악에 대한 이러한 실천적 인식이 흥미로운 것은 예수와 신약시대의 여러 저자들이 그 악의 배경을 '시험*peirasmos*'이라는 어휘와 연계시켜 이해하고 있다는 점이다. 우리말로 일관되게 '시험'으로 번역하는 경향이 있지만 사실 이 단어의 개념은 좀 더 복잡한 함의를 아우르고 있다. 첫째는 '유혹temptation'이고, 둘째는 연단이란 의미의 '시험testing'이며, 셋째는 고난을 지칭하는 '시련trial'의 개념이다. 어떤 개념을 취하느냐에 따라 그 결과가 우리 인생에 미치는 악의 경험을 조명하는 각도가 달라진다. 또 이것이 과연 어디서, 무슨 연유로 인간에게 생겨나는가에 대해서도 신정론적 맥락에 비추어 해명해야 할 변증의 곡절도 깊다. 먼저 유혹이 악을 부추기는 시발점이 된다면, 시험은 그것을 치러내는 당사자의 경험에 담긴 성격의 차원에 걸리고, 시련은 그 결과에 가깝다고 할 수 있다. 이러한 개념을 통전적으로 아우르더라도 그것을 설명하는 관점은 신약성서에서도 다양하게 산포되어 나타난다.

먼저 유혹의 파괴성, 시험의 부정성을 염두에 두고 야고보서의 저자는 그것이 하나님과 전혀 무관함을 강변한다. 야고보서의 통찰에 의하면 하나님은 인간을 시험하는 분, 또는 유혹하는 분이 아니다. 그것은 인간 자신의 욕심 또는 욕망epithumia에 끌려 자초하는 성격이 강하다. "사람이 시험을 받을 때에 내가 하나님께 시험을 받는다 하지 말지니 하나님은 악에게 시험을 받지도 아니하시고 친히 아무도 시험하지 아니하시느니라"(약 1:13). 여기서 시험은 '악에게' 받는 시험이다. 그 악을 끌어들일 만큼 하나님이 허술하지 않거니와 다만 인간의 욕심이 그것을 자초한다는 것이다. 그렇다고 이런 시험이 전혀 무의미하거나 부정적인 것 일변도로 여겨지지 않는 것은 인접한 문맥 내의 다른 곳에서 "너희가 여러 가지 시험을 당하거든 온전히 기쁘게 여기라"(약 1:2)라고 말하기 때문이다. 왜냐하면 그 시험이 '믿음의 시련'과 결부되어 있기 때문이다. 그것은 시련의 형태로 오므로 참고 견디는 것이 상책이다. 그렇게 잘 참고 견디다 보면 시험이 복을 부르기도 한다. "시험을 참는 자는 복이 있나니 이는 시련을 견디어낸 자가 주께서 자기를 사랑하는 자들에게 약속하신 생명의 면류관을 얻을 것이기 때문이라"(약 1:12). 요약하면 시험/유혹의 부정성은 그것이 악에 의해 추동된다는 데 있는데, 따라서 악과 무관한 하나님은 그 현상과 전혀 무관하며 책임이 없다는 변증이다. 반면, 인간의 입장에서 보면 그 기원이 자신의 욕심/욕망에 있으며 그것을 참고 견뎌 이겨내면 복을 부르는 단초가 된다는 인식이다.

그런가 하면 바울은 그의 서신에서 또 다른 관점을 내비친다. 시험/유혹의 기원이 사람과 하나님, 심지어 사탄에게 두루 다 있다는 입장이다. 그는 한편으로 사람이 하나님을 시험하는 것이 불경스럽다고 보고 이를 극도로 경계한다. "그들 가운데 어떤 사람들이 주를 시험하다가 뱀에게 멸망하였나니 우리는 그들과 같이 시험하지 말자"(고전 10:9)라는 구절을 보면 구약시대 패역한 광야 백성들의 잘못은 한마디로 하나님을 시험한 것이었다. 그러니 그러한 시행착오를 다시 되풀이해서는 안 된다고 바울이 고린도 교인들을 훈계하고 있는 것이다. 다른 한편으로 혼인관계와 성욕의 충족이란 맥락에서 바울은 이런 말을 남겼다. "서로 분방하지 말라. 다만 기도할 틈을 얻기 위하여 합의상 얼마 동안은 하되 다시 합하라. 이는 너희가 절제 못함으로 말미암아 사탄이 너희를 시험하지 못하게 하려 함이라"(고전 7:5). 사탄은 우리의 성욕이 정상적인 부부관계를 통해 충족되지 못하는 기회를 틈타 비정상적인 방식으로 그것을 해소하도록 유혹할 수 있다는 것이다.

그렇다면 하나님은 바울의 어떤 맥락 속에서 얼마만큼 시험/유혹의 기원 및 책임 소재에 관여하는가. "사람이 감당할 시험밖에는 너희가 당한 것이 없나니 오직 하나님은 미쁘사 너희가 감당하지 못할 시험 당함을 허락하지 아니하시고 시험 당할 즈음에 또한 피할 길을 내사 너희로 능히 감당하게 하시느니라"(고전 10:13). 여기서 하나님은 일종의 연단으로서 그의 자녀들에게 시험을 허락한다. 그러나 그 수위를 명민하게 조절하여 감당할 수 있는 범위 내에서만 허락하신단다. 또 그것이 그 범위를 넘어 너무 위태로워지지 않도록 막판의 한계상황에 처하여 '피할 길'까지 열어주신다고 말한다. 그러니 그렇게만 된다면 그 시험의 효용성도 사줄 만하고, 그로 인해 악에 빠져 멸망당할 염려도 없게 될 것 같다. 이러한 역동적인 맥락 속에 시험을 인식한 바울은 시험의 자기 성숙적 효용성을 긍정하면서 그것이 극단으로 치달을 때 반대로 인간을 파멸시킬 수 있고, 또 우리 정욕을 매개로 사탄이 그것을 부추기는 경우 윤리적 파국을 초래할 수도 있다는 입장이다.

오늘날도 시험/유혹으로서 악을 이해하고 그 결과인 시련을 정당화하는 신학적 인식과 상담치유의 처방들이란 게 이러한 관점에서 멀지 않다. 그것의 긍정성을 부각시키는 경우는 하나님의 오묘하신 뜻이나 섭리를 들이대면서 정당화하지만, 그것의 부정적 파괴성을 조명할 때는 인간의 욕망/욕심이나 사탄의 악의적 개입을 통한 가혹한 시련의 위험을 경계하며 준엄한 개인 책임을 묻는 입장이 그렇다. 그러나 근본적인 문제는 해소되지 않는다. 그렇다면 자식들이 그렇게 죽고 가족이 그렇게 망가진 욥의 고난 비용과 관련하여 당사자야 정금같이 다시 태어나는 연단의 효과를 봤다 할지라도 그 희생물처럼 스러져간 자들은 허접쓰레기 인생에 불과한 것인가라는 질문을 피해갈 수 없기 때문이다. 이와 관련하여 놀랍게도 예의 누이 좋고 매부 좋거나, 누이만 좋고 매부는 아주 안 좋은 선택과 전혀 다르게 예수는 정공법의 급진적인 처방을 내놓고 있다.

예수의 급진주의 처방

예수는 시험이나 그에 연동된 악과 관련하여 에둘러가지 않고 정공법으로 아버지이신 하나님께 간구한다. "당신께서 우리를 시험/유혹에 빠지지 않게 하소서" "당신께서 악에서 구하소서". 주기도문의 이 두 가지 간구문은 제자들에게 기도로 가르쳐준 내용의 일부이다. 이 간구문을 하나의 연속된 문장으로 읽어야 할지 별도의 독립적인 문구로 읽어야 할지 약간의 논란은 있다. 하지만 시험과 악의 주제가 연동되었다는 점에서 그 별개의 세부적 개념 범주와 상관없이 신학적 주제 자체는 밀접하게 엉겨 있다. 여기서 한글 번역에 생략된 주어는 2인칭 단수로 호명된 '당신'으로서의 하나님이며, 그는 그 기도를 듣는 '아버지abba'이다. 예수는 '하나님의 가족familia Dei'이란 친밀한 관계 속에 아버지인 하나님 앞에서 그 자녀들이 눈치 보며 정직하지 않게 '립 서비스' 하는 기도를 좋게 보지 않은 듯하다. 인간의 고난 밑절미에 악이 작동하고 있고, 그 악이 시험/유혹을 매개로 그 독성을 유포할

진대, 그것이 혹 아버지가 그 자녀들의 상태를 오판하여 주동하는 사태라면 당장 그만두는 게 좋겠다는 제언이 이 간구문에 담겨 있다. 아니, 다른 이도 아니고 우리가 독생자로 알고 있는 예수가 그런 불경한 의혹을 아버지께 품고 이런 주청을 드린다면 그건 교리적으로 매우 불온하고 신학적으로 무리한 인식같이 보인다. 그러나 이 문구가 드러내는 당찬 정공법은 그 급진주의를 무릅쓰며 그러한 의미를 정직하게 드러내고 있다. 아무리 급진적이고 버르장머리 없어 보이는 질문과 도전이라 할지라도 그 당사자가 자녀와 아버지의 관계라면 진솔하게 소통되어야 마땅하고 또 그것이 건강하다는 통찰이 그 저변에 깔려 있다. 그렇지 않다면 그것은 이 땅의 돈독한 인간의 가족관계만도 못한 저열한 '하나님의 가족'이 될 터이기 때문이다.

예수는 이 간구를 통해, 구약시대의 예언자들이 그랬듯, 또 탄식 시편의 주인공들이 그랬듯, 그들의 논조를 급진화하여 하나님 앞에 이렇게 항변하는 듯하다. '하나님, 우리 인생들이 부족하고 불민하지만 제2의 욥 사태를 감당해야 할 만큼 심각한 그런 유혹의 함정을 주동하는 당사자가 혹시 당신이 아닌가 심히 의심스럽습니다. 사탄이 심부름한다고 해서 그 사탄을 부려서 시킨 당신께서 그 책임과 무관하다 할 수는 없겠지요. 만일 그렇다면 마음을 고쳐 잡고 아버지다운 체통을 지키고 본분을 다하여 그런 유혹으로 우리를 이끌지 마세요. 그런 아버지께서 우리가 잘 모르는 무슨 의도로 고심하다가 그런 충동적 유혹을 받아 시험을 통한 연단을 구상하시더라도 한 번 더 재고해주세요. 우리가 더러 아픈 만큼 성숙해지기도 하겠지만 더 많은 경우 아픈 만큼 망가질 테니까요. 아울러, 그런 시험이 이미 시동이 걸려 우리가 악에 빠져 허우적거리더라도, 그걸 재미있다는 듯 쳐다만 보실 수는 없는 노릇이지요. 우리의 하나님은 자비롭고 능력 많은 아버지시니까요. 속히 우리를 그 악의 수렁에서 건져내주셔서 좀 시원찮아도 아버지께 자녀 노릇 제대로 하며 착하게, 그리고 평탄하게 살도록 도와주세요.' 이것이 바로 신정론의 허방을 정면 돌파하는 예수의 신학적 결기였다고 본다. 예수는 이 기도에 자신도 동참한 듯한데 그 사실 증거는 미약하지만 제자들에게 이 기도를 가르쳐주고 '이렇게 기도하라'고 명령한 것만은 틀림없다.

예수의 이 정공법에는 일찍이 소돔과 고모라의 생명을 얼마라도 살리기 위해 하나님과 숫자를 놓고 거래하던 아브라함의 얼굴이 포개진다. 그런가 하면 광야에서 패역한 이스라엘 백성을 향해 진노를 폭발하시며 다 쓸어버릴 것처럼 대드시던 야훼 하나님을 향해 그 백성을 다 죽이시려면 먼저 자기를 죽여달라며 온몸으로 치열하게 버티던 모세의 다부진 자세도 그 가운데 겹쳐진다. 나아가 하나님께 정직하게 묻고 따지면서 이 땅의 역사에 불거진 부조리한 사태에 대해 하나님을 법정의 피고로 호출한 예언자들의 결기 어린 대결의식이 또 그 예수의 신학적 지향에 어른거린다. 인간의 생명에 이익을 끼치기 위해 자신을 철저히 희생할 줄 알던 자들은 신학의 변방에서 이러한 '프로메테우스적 요소'를 부양하면서 고통으로 범벅된 한 시대의 전위를 대변하고 그 변두리의 벼랑 끝에 서서 치열하게 삶을 벼리던 이들이었다. 예수가 멜기세덱의 반차를 따라 오신 분으로서 그 계보의 한가운데 우뚝 서게 된 것은 따라서 지극히 당연한 그의 삶의 귀결이었다고 봐야 한다.

세월호 영령들의 항변

예수의 관점에 기대면 세월호 속에 탄 채 죽은 영령들과 그 유가족들, 또 이러한 사태가 초래되도록 관여한 직간접의 책임 당사자들을 향해 우리가 해야 할 말은 많아진다. 먼저 우리는 시편의 탄식자들처럼, 자신의 생일을 저주한 욥이나 일부 예언자들처럼 '어찌하여…'로 시작되는 탄식에 동참하여 하나님의 책임을 신정론적 맥락에서 추궁할 수 있다. 심지어 거기에는 하나님을 아버지로 급하게 호출하며 구원해줄 것을 간청한 기도 소녀도 있었다고 하지 않던가. 나아가 우리는, 특히 그 희생자들의 유가족은, 그 불행한 참사로 세상을 떠난 무고한 생명들의 피에 대하여 정의로운 신원伸冤이 이루어질 수 있기를 하나님께 간청해야 할 의무와 권리가 있다. 그들이 뭔가 죄를 지어 그런 사고를 당하지 않았겠느냐는 식으로 욥의 친구들이 실패한 변증을 하나님 편드는 척하면서 새삼스럽게 늘어놓아서는 안 된다. 그렇다고 이 민족의 죄를 회개하라고 경고하시는 하나님의 예비적인 엄포성 징계로 보거나 이 민족, 이 백성의 죄를 대신 속량하기 위한 희생제물인 것처럼 어설프게 미화하는 오류에 빠져서도 안 된다. 이는 하나님을 거의 용왕신 수준으로 격하하거나 예수 그리스도의 십자가 희생만으로 부족해서 제2, 제3의 십자가 대속 사건을 치러야 한다는 얼토당토않은 모방적 폭력의 논리로 말도 안 되는 강변을 늘어놓는 격이다.

나아가 이 땅에 하나님의 공의가 살아 있다면 그것을 최선으로 구현하는 것이 언약공동체의 공적인 사명 중 일부라면, 마땅히 이 사고가 발생하기까지 원인을 제공한 당사자들에게 법이 허용하는 최대치로 준엄한 책임을 물어야 한다. 무엇보다 선장과 선원들이 인간의 얼굴을 하고 자행한 저들만의 이기적 도피행위에 담긴 사악한 죄악상을 낱낱이 규명하고 성토해야 한다. 승객의 안전에 전혀 관심이 없이 제 자식 같은 학생들을 배 안에 처박아두고 자기들만 살겠다고 빠져나온 자들의 뻔뻔한 행실은 두고두고 이 세대의 왜곡된 인간성의 표본으로 기억되어야 한다. '한 사람의 의인이라도 그 선실에 있어 안전방송을 제대로 했더라면….' 이런 아쉬운 탄식이 아직도 우리 가슴속에 꿈틀거린다. 배의 정상적인 구조를 기형적으로 개조하고 평형수를 왕창 빼버리고서라도 더 많은 화물을 실어 이로써 좀 더 많은 돈을 벌고자 혈안이 된 선박회사의 관련 직원들, 특히 그 대표와 간부들이 하나님의 공의 기준에서 책임이 가볍다 할 수 없다. 그들과 함께 자업

자득의 굴레를 써야 하는 부류로서, 그들과 이권을 나누고자 결탁하여 선박 개·변조 및 운항과 관련한 제반 규제에 느슨한 잣대로 심사를 통과시켜주고 온갖 불법을 눈감아주는 대가로 부정한 이득을 챙겨온 해당 부서의 관료집단이 범한 죄악상은 얼마나 끔찍한가. 그들을 올바른 행정체계 아래 조직, 관리했어야 할 높은 감투의 관공서 수장들에게도 변명의 여지가 없다.

여전히 사건 발생 이후 7시간의 행방이 묘연한 청와대의 안주인과 그 참모들은 대체 애꿎은 생명이 바다의 짠물을 들이켜며 숨을 몰아쉬는 그 위급한 상황 가운데 무슨 도움을 주었단 말인가. 윗선이 이리도 태만하고 행동이 굼뜨며 위기 대응 능력이 빵점이니, 그 지휘를 받고 움직이는 해경 등의 일선 구조대가 촌각을 다투는 그 화급한 상황에서 어떻게 일사불란하게 움직이며 번지는 사태에 개입할 수 있었겠는가. 그들은 선장과 선원을 구해낼 시간에 신속하게 도끼와 온갖 쇠붙이를 다 동원해서라도 창문을 깨부수고 선실에 진입하여 최후의 일각까지 한 생명이라도 더 끌어내기 위해 몸부림이라도 쳤어야 옳았을 것이다. 그러기 위해 먼저 주변의 해군 구조함과 덩치 큰 바지선들을 신속히 불러들여 그 파선한 세월호를 붙들어 매서 가라앉는 속도를 대폭 늦추었더라면…. 이런 한 서린 탄식이 허공에 여전히 메아리친다. 그러나 그들은 매우 굼뜨게 움직이며 태만했고 아둔했다. 사건의 책임을 전가하며 자행한 죄악상을 덮고 왜곡하기에 급급했다.

여기에 언론이 치명적인 순간 악랄하게 일조하면서 중대한 오보를 양산한 죄 결코 가볍다 할 수 없다. 그로 인한 시간 낭비와 오판의 계기를 생각한다면 언론의 죄야말로 공의의 기준에서 매우 진지하게 추궁되어야 할 것이다. 국민들 한 사람 한 사람 역시 이러한 개판 대한민국의 후진적인 재난대응체계를 무관심으로 방조하면서 제 한 식구 먹고사느라 정신없이 살다가 이웃의 안녕에 무관심하고 그 아픔에 무감각해진 책임을 면할 길이 없다. 돈독이 올라 천하보다 귀하다는 사람의 소중한 생명을 경홀히 여긴 죄, 대대손손 전승되어 반면교사로 삼아야 할 것이다.

이제 그만 잊자고 말하는 자는 그 끔찍한 재난의 아픔을 잊자고 말하는 척하면서 기실 이러한 부끄러운 책임 방기와 대량 인명 참사를 방조하거나 주도한 극악무도한 범죄를 잊자고 주장하고 싶은 자들이다. 인간의 사악함에는 대체 한계가 없다. 그 무궁한 선행의 가능성에도 불구하고 점차 더 각박해지는 이 무한경쟁의 소용돌이에서 내 손톱 밑에 박힌 조그만 가시 하나에 그렇게 민감한 자들이 남의 귀한 생명이 사멸해나가는 정황에, 또 그 죽음이 불러온 대대적인 슬픔의 현장에 무덤덤한 표정을 짓는다면 이는 지극히 작은 자 하나가 헐벗고 옥에 갇혔을 때 입을 것을 주지 않고 찾아보지도 않은 '염소들'의 죄악에 다름 아닐 터이다.

이제부터라도 염소의 자폐적 배역을 그만두고 양이 되어 지극히 작은 자를 주님으로 섬기는 우리 삶의 이타적 진정성을 되찾아야 한다. 모범적인 이타주의자가 되지 못한다 할지라도 우리의 이기심을 수시로 성찰하면서 인간으로 이 땅에 존재한다는 것이 무엇을 의미하는지, 이웃과 형제자매들이 더불어 어울리는 세계에 하나님나라를 꿈꾸며 공존한다는 것이 무엇을 뜻하는지 부지런히 묻고 살피려는 노력이 절실하다. 그럴 때 우리는 이러한 끔찍한 재난에 개입한 인간의 사악한 본성을 직시하고 그것을 넘어서려 발버둥이라도 칠 수 있을 것이다. 세월호의 영령들은 이런 방향으로 하나님과 인간을 향해, 구체적으로 이 나라 국민에게, 특히 하나님을 믿는다고 툭하면 고백하는 이들에게 이다지도 할 말이 많다.

차정식 | 성서학자, 한일장신대학교 신학부 교수. 서울대학교 국사학과를 졸업하고 미국 매코믹 신학대학원에서 목회학석사학위를, 시카고 대학교 신학부에서 박사학위를 받았다. 한국신약학회 편집위원장, 한국기독교학회 편집주간 등을 역임했고, 《거꾸로 읽는 신약성서》, 《쩔쩔매시는 하나님》, 《신약의 뒷골목 풍경》, 《시인들이 만난 하나님》, 《성서의 에로티시즘》, 《예수, 한국사회에 답하다》, 《하나님 나라의 향연》 등을 썼다.

애도의 문법

—〈안티고네〉로 세월호 읽기

이상철

"얼마나 많은 귀가 있어야만 사람들은 울부짖는 소리를 들을 수 있을까? 얼마나 많은 사람들이 죽어나가야만 사람들이 죽음을 깨닫게 될까?"

이 글은 2014년 6월 6일 웹진 〈제3시대〉에 기고한 "애도Mourning, 그 '불가능한 가능성'에 관한 에세이"를 대폭 보완한 것이다.

프롤로그—무엇을 말하고자 하는가?

"세월호 얘기, 혹시 지겨우십니까? 지겹다는 분들도 계시더군요. 충분히 이해할 수 있습니다. 그러나 분명한 것은 아직도 '왜?'라는 질문은 넘친다는 것입니다. 사실 우리는 이 배가 왜 침몰했는지도 모르고 있습니다. 오늘이 벌써 162일째인데도 말이지요. 지겨워도 직시해야 할 이유가 여기에 있다고 믿습니다. 다시, 세월호 사고 당일로 돌아가봅니다…"

_JTBC 뉴스 2014년 9월 24일 오프닝 멘트 중

오늘은 위의 손석희 멘트가 있었던 날로부터도 반년 가까이 흐른 날이고, 세월호 참사 1주기까지도 얼마 남지 않은 날이다. 문득 지난 1년간의 시간이 주마등처럼 스쳐 지나간다. 믿기지 않았던 세월호 침몰과 더 믿기지 않았던 구조과정들, 구원파를 끌어들여 사건 초기에 문제의 핵심을 호도했던 일, 세월호 유가족들의 애끓는 절규와 대통령의 눈물이 겹쳐 지나간다. 유민 아빠 김영호 씨의 목숨을 건 단식, 지난여름 인상 깊었던 교황의 방한, 세

월호 특별법이 통과되었다는 뉴스, 서울서 팽목항까지 세월호 인양을 위한 도보 행진, 팽목항에서 서울까지 유가족들의 삼보일배, 세월호 당시의 국무총리가 드디어 교체되었다는 소식까지. 이상은 지난 1년간 세월호와 관련하여 뉴스 헤드라인을 장식했던 굵직한 제목들이다.

광화문에서, 안산에서, 그리고 팽목항에서 그날을 잊지 못하는 사람들이 오늘도 모이고, 내일도 모이겠지만, 이 싸움의 끝이 어떻게 그려질지, 그리고 그 결과가 가져올 파국이 어떠할는지에 대해서는 아직 우리는 예상할 수 없다. 그러기에는 지금 우리가 알고 있는 세월호에 대한 지식이 너무 부족하다. 손석희의 말처럼 우리는 1년이 지나도록 이 배가 왜 침몰했는지조차 모른다. 1년 동안 계속 원점에서 시계추가 왔다 갔다 하듯이 시간을 보내는 동안 세월호를 향한 민심과 여론의 열기는 시들해져갔고, 이제는 대신 정치논리와 색깔논리만 남았다.

어디서부터 잘못되었던 것일까? 복기를 하자면 애도 단계에서부터 문제가 있었다. 세월호 참사가 발생하고 지금까지 우리는 정상적인 애도의 과정을 거치지 못했다. 그래서, "애도란 무엇이고, 세월호에 대한 애도는 어떻게 진행되어야 하는 것일까?"라는 질문을 이 글의 주제로 삼았다. 하지만 글을 처음 시작하는 지금 그 물음에 대한 나의 전망은 불투명하다.

어느 시인은 이렇게 노래한다. "얼마나 많은 귀가 있어야만 사람들은 울부짖는 소리를 들을 수 있을까? 얼마나 많은 사람들이 죽어나가야만 사람들이 죽음을 깨닫게 될까?"* 이 물음에 대해 시인은 '바람만이 아는 대답'이라고 답하지만, 진정 그것이 바람만이 아는 대답이라면, 현실은 얼마나 잔혹하고 희망이 없는 현실일까? 나의 애도에 대한 물음이 시작되는 지점이다.

애도의 원형

마르크스주의 철학자이자 미학자인 게오르그 루카치는 《소설의 이론》에서 고대 그리스를 '서사시 시대 – 비극의 시대 – 철학의 시대'로 구분한다. '서사시 시대'는 호메로스의 〈일리아스〉와 〈오디세이아〉가 대표적인 작품이고, '비극의 시대' 하면 소포클레스의 〈안티고네〉가 가장 먼저 떠오른다. 루카치는 고대 그리스가 '서사시 시대'에는 인간의 이성과 감성이 하나로 섞여 있었고, '비극의 시대'는 이성과 감성의 분화가 일어났던 시절이었으며, 소크라테스로 상징되는 '철학의 시대'로 접어들면서 감성과 욕망의 영역이 배제되면서 이성우월주의가 자리 잡게 되었다고 밝힌다. 후에 니체는 《비극의 탄생》에서 소크라테스로 상징되는 이성적 전통이 지금의 서구문명의 위기와 불행을 자초했다고 신랄하게 비판했다.

---

* 밥 딜런, "Blowing in the Wind" 중.

애도에 대한 고전적인 판본은 고대 그리스 '서사시 시대'의 걸작 〈일리아스〉 마지막 부분에 등장하는 헥토르에 대한 애도의 장면과 소포클레스의 비극 〈안티고네〉에 등장하는 폴리네이케스에 대한 애도이다. 〈일리아스〉는 기원전 12-13세기에 쓰인 가장 오래된 서사시로, 브래드 피트가 나왔던 영화 〈트로이〉로 우리에게 잘 알려져 있다. 〈일리아스〉의 마지막 대목에서는 아킬레우스가 헥토르를 죽이고 헥토르의 시신을 유린하는 장면이 나온다. 헥토르의 아버지가 밤에 아킬레우스를 찾아와 아들의 장례를 치르게 해달라고 애원하고, 아킬레우스는 헥토르의 시신을 내어주면서 눈물을 흘린다. 다음 날 헥토르의 시신이 트로이로 옮겨져서 그동안 치르지 못했던 애도의 의식을 벌이는 것을 끝으로 〈일리아스〉는 대단원의 막을 내린다.

〈일리아스〉 속 헥토르에 대한 애도보다 더 복잡하고 진화된 애도 이야기는 소포클레스의 비극 〈안티고네〉에 등장한다. 사건의 대강은 이렇다. 국가를 배신했다는 이유로 죽임을 당해 들판에 버려져 들짐승의 먹이가 되어버린 오빠 폴리네이케스의 시체를 거두어 장례를 치르려는 안티고네와, 반역자(폴리네이케스)에 대한 응징의 차원에서 애도를 허락지 않는 테베왕 크레온 사이의 갈등이 이 비극의 줄거리다.

〈일리아스〉 속 헥토르나 〈안티고네〉의 폴리네이케스 모두 그리스나 테베국國의 입장에서 볼 때는 국가에 반하는 인물들이었다. 국가에 반기를 든 자들에 대한 역사의 형벌은 어느 민족이건 대체로 일치한다. 공동체 성원들 앞에서 공개적이고 잔인한 사형이 집행되고 그 주검을 마을 어귀에 대롱대롱 매달아 공포의 타산지석으로 삼게 하거나, 혹은 그냥 시체를 들판에 내동댕이쳐 들짐승의 먹이가 되게 함으로써 반역자와 공동체 간의 거친 수직적 결별을 선언하는 것이 그것이다. 이렇듯, 공동체에 심각한 타격을 끼친 인물에 대한 응징과 처벌은 공동체의 이익을 보호하고 공동체 성원들의 결속과 단합을 유지하고 지켜내기 위한 당연한 처사다. 공동체의 이익이라는 대의를 위해서라면 한 인간의 존엄을 잠시 보류하는 것도 마땅한 상황에 하물며 반란의 수괴를 어떻게 넉넉하게 봐줄 수 있단 말인가!

그럼에도 불구하고, 고대 그리스인들은 애도에 대한 마음과 정신을 포기하지 않았다. 그 죽음이 비록 반역으로 인한 죽음이었어도 말이다. 왜, 무엇 때문에 〈일리아스〉와 〈안티고네〉에서는 죽은 자에 대한 애도를 끝까지 사수하려 했을까? 나는 이 글에서 안티고네의 애도를 향한 정신분석학적 접근, 그리고 정신분석학적 윤리에 대한 이야기를 진행시키면서 그것이 어떻게 현실의 불합리한 질서를 전복시키는 기제로 작동하는지, 그리고 그것이 세월호 정국이라는 부조리한 대한민국의 현실 속에서 어떻게 적용 가능한지 모색해보려고 한다.

쾌락의 원칙을 넘어서

문제는 안티고네가 크레온으로 상징되는 현실의 원칙, 상징계의 질서를 거부하면서부터 시작되었다. 현행법을 어기면서까지 안티고네는 오빠 폴리네이케스의 시신을 되찾아 장례를 치르겠다는 의지를 꺾지 않는다. 안티고네는 공동체의 운영원리인 실용주의적이고 공리주의적인 현실의 원칙, 쾌락의 원칙이 아니라, 모든 인간은 누구나 죽으면 장례를 치르고 고이 안장되어야 한다는, 존재 일반이 마땅히 누려야 할 근원적 원칙, 상상계적 원칙에 무게를 두었고, 그것을 실제의 삶에서 재현하였던 것이다.

내 기억에는 안티고네만큼 '쾌락의 원칙'에 충실하지 않았던 인물이 있다. 황석영의 소설《오래된 정원》에 나오는 남자 주인공 오현우다. 1970년대 말 군부독재에 반대하는 지하조직 활동을 한 오현우는 광주민주화운동 이후 수배자가 되어 도피생활을 하는데, 그 과정에서 자신을 도와준 시골학교 미술교사 한윤희와 사랑에 빠진다. 그들은 한적한 시골 외딴 마을에서 3개월 남짓 둘만의 따뜻하고 오붓한 시간을 갖지만, 오현우는 다시 동지들을 규합하여 투쟁의 길로 나서기로 마음을 먹고 길을 나선다.

서울 가는 버스정류장으로 걸어가는 두 사람, 비 내리는 시골길에서 한윤희가 오현우에게 이렇게 따져 묻는다. "왜 가니? 집도 주고, 밥도 주고, 몸도 줬는데… 왜 가는 거야? 그곳에 뭐가 있길래… 이 병신아!" 오현우는 한윤희의 이 질문에 아무런 말을 못한다. 하지만 우리 모두는 다 안다. 그가 죽으러 간다는 사실을 말이다.

왜, 오현우는 집도 주고, 밥도 주고, 몸까지 제공되는 쾌락의 공간과 시간을 거부하고, 그 쾌락에 만족하지 못하고 왜, 죽음을 향해 나가는 것일까? 왜, 안티고네는 공동체가 제공하는 쾌락의 원칙에 머무르지 못하고 죽은 오빠의 시신을 찾아 장례를 지내야겠다고, 아직 나의 애도는 끝나지 않았다며 절규하는 것일까?

이를 정신분석학적으로 풀어내면 이렇다. 안티고네는 공동체의 타자인 폴리네이케스를 향한 금지된 욕망을, 오현우 역시 민주주의와 정의를 향한 금지된 욕망을 현실 질서(법)의 위협과 협박과 조롱과 공포에도 굴하지 않고 끝까지 관철시켰다. 이것은 프로이트가 말했던 '쾌락의 원칙'을 넘어가는 행위다. 인간의 사회화 과정은 언어의 학습과 병행한다. 어린아이는 언어를 습득하면서 이드Id가 지배하던 원초적 자아(상상계적 자아)에서 '아버지의 이름'이라는 원칙이 지배하는 사회 속으로 편입된다. 사회라는 상징계 안으로 진입한 아이는 사회가 만들어놓은 법과 질서와 전통 안에서 자라면서 사회가 만들어놓은 기표를 따라가는 것이 생의 목표이고 기쁨이 되는 인간으로 길들여지게 된다. '쾌락의 원칙'이란 이 사회적 기표를 하나씩 따면서 생기는 삶의 기쁨과 보람과 가치를 말하는 것이다.

쾌락 원칙은 쾌락을 추구하는 동시에 불쾌를 피하려는 속성이다. 그것은 법이 허용한 범위 내에서는 쾌락을 추구하지만, 불쾌를 모면하기 위해서는 사회에서 금지된 대상을 피하려는 성질이 있다. 이런 까닭에 쾌락의 원칙은 사회적 금기의 한계를 넘어서지 못하는 보수적 성격을 지니게 된다. 그런데 프로이트가 인간에게는 쾌락의 원칙을 넘어가는 측면이 있음을 밝힌 것이다. 후에 라캉은 프로이트의 이론을 안티고네를 통해 구체화하고 발전시킨다.

이 순간 나는 안티고네와 오현우의 행위, 그리고 세월호 유가족들의 행위가 오버랩되면서 삼자 간에 묘한 상동성이 있음을 느낀다. 그리고 이후 전개될 세월호에 대한 애도, 그리고 진상규명과 관련하여 타산지석으로 삼을 만한 무엇인가가 거기서부터 나올 수도 있겠다는 생각을 한다.

안티고네의 윤리

안티고네와 오현우, 그리고 세월호 가족들의 행위에 대한 이해에 앞서 우리는 그들의 행위를 가능하게 하는 인간 마음의 욕동에 대한 문제부터 해결해야 한다. 자크 라캉은 인간의 욕동을 '욕망desire'과 '주이상스jouissance'로 구분한다. 우리가 일상적으로 말하는 욕망이란 사회적 관습이나 전통, 이데올로기적 학습, 혹은 법률 안에서 형성되고 허용되는 욕망으로, 그것은 사회적 가치 내지 타자의 시선을 따라가는 욕망이라 할 수 있다.

예를 들어, 신자유주의라는 상징계(현실 세계)에 살고 있는 우리는 좀 더 많은 연봉을 추구하고, 육체마저 상품화하는 소비자본주의 문화 속에서 좀 더 날씬하고 예쁜 외모를 욕망한다. 그것은 사회가 요구하는 기표(상징)를 내가 추구하는 것이다. 연봉 1억, S라인의 몸매, 고급 외제차, 명품 가방 등이 대표적 기표라 할 수 있다. 그 기표들의 연쇄를 따라 우리는 상징계에서 살아가고 있는 것이다. 하지만 그것은 내가 진정 바라는 것이 아니다. 왜냐하면 기표들은 사회라는 대타자가 만들어놓은 기준이기 때문이다. 남들이 다 하니까, 남들이 원하니까 내가 하는 것이다. 그래야 내가 인정받으니까. 그러면 내가 편하고 즐거우니까. 그래서 계속 그 기표를 따려고 쫓아다닌다. 결국 상징계에서 말하는 우리의 욕망이란 타자의 욕망을 욕망하는 것이다.

하지만 안티고네나 오현우는 이런 식의 상징계 속 쾌락 원칙의 지배하에 있는 욕망을 거슬러 올라가는 욕망을 주장하는데 그것이 바로 '주이상스'다.* 욕망이 상징계 속 기표를 추구하는 것이라면, 주이상스는 상징계로 진입하기 이전 상상계 단계에서 작동하였던 욕망이다. 이것은 상상계에서 상징계로 진입하지 못하고 떠돌면서 '실재the Real계'**에 머물러 있다. 즉, 주이상스는 상징적(세

---

* Jacques Lacan, "The Paradox of Jouissance" in *Seminar VII, The Ethics of Psychoanalysis 1959-1960*, trans. Dennis Porter(W.W. Norton & Company, Inc. 1992), pp.167-240.

** 전통 형이상학에서 '실재'는 현실을 초월해 있는 존재 혹은 운동의 원칙으로, 플라톤의 '이데아'가 대표적 예다. 하지만 라캉은 이런 전통적인 실재와는 다른 실재를 언급하는데 이를 'Das Ding(=the Thing)'이라 불렀다. 지젝은 이를 더욱 발전시켜 'the Real'이라 명하면서 '실재의 윤리'로

상적) 원칙과 질서로 제한하지 못하는 근원적 욕망인 셈이다.

라캉은 주이상스가 지닌 전복적인 힘에 주목했다. 안티고네 이야기는 바로 그 예로 쓰인 것이다.[*]

왕권을 놓고 숙부 크레온과 경쟁을 하던 폴리네이케스는 패하여 죽임을 당하였고, 크레온은 폴리네이케스의 주검을 참혹하게 유린한 후 성 밖으로 내친다. 그것은 반역자를 향한 합법적인 법 집행이었다. 아울러 백성들에게는 폴리네이케스의 주검을 거두어 장례를 치를 경우 가차 없이 처벌할 것이라고 엄포를 놓는다. 하지만 안티고네는 그 명령을 어기면서까지 오빠의 장례를 치렀고, 그 이유로 지하동굴에 갇히고 결국 자살하고 만다.

안티고네의 행위는 앞서 언급했듯이 쾌락의 원칙을 넘어가는 행위다. 쾌락의 원칙대로라면 폴리네이케스에 대한 애도는 없다. 법을 어길 경우 짊어져야 할 형벌과 공포와 불쾌는 상상을 초월할 정도로 크기 때문이다. 그럼에도 불구하고 안티고네는 쾌락

나간다. 라캉과 지젝이 말하는 실재는 기존 형이상학에서 말해왔던, 현실을 초월한 실재가 아니다. 마치 영화 〈에어리언〉에서 괴물의 숙주가 사람의 몸에서 기생하는 것처럼, 실재the Real는 세상의 틈과 균열로 존재하면서 안정적인 상징계적 질서에 혼란과 불안을 조성한다. 그리하여 평안한 일상을 의심의 눈초리로, 회의적인 시각으로 바라보게 한다. 결국, 라캉과 지젝의 실재관은 부조리한 현실을 의심하게 하고, 그 현실에 대한 변혁으로 이끄는 윤리를 상상하게 한다. 좀 더 자세한 사항은 다음 책을 참조하라. Jacques Lacan, "Introduction to the thing" in *Seminar VII, The Ethics of Psychoanalysis 1959-1960*, pp.19-86; 슬라보예 지젝, 김정아 옮김,《죽은 신을 위하여―기독교 비판 및 유물론과 신학의 문제》(도서출판 길, 2007) 중 3장 "실재계의 만곡".

[*] Jacques Lacan, "The Essence of Tragedy: A Commentary on Sophocles's Antigone" in *Seminar VII, The Ethics of Psychoanalysis 1959-1960*, pp.243-287.

너머의 원칙을 따라간다. 그것은 보편적인 하늘의 법도에 충실한 것이다. 사람이라면 누구나 장례를 치를 권리가 있고, 사람이라면 누구나 죽은 자를 향한 애도의 마음을 품어야 한다는 인륜 말이다. 안티고네는 그냥 사랑하는 오빠의 죽음을 애도하고 싶었을 뿐이다. 그래서 장례를 치르고자 한다.

이것은 어떤 특정한 정치적 이념이나 윤리적 덕목에 입각해 행동했던 것이 아니다. 아주 원초적이고 보편적인 인륜성에 기반한 행위였다. 이런 보편적 욕망에 충실했기에 안티고네는 체제가 만들어놓은 법 밖으로 걸어 나갈 수 있었다. 안티고네의 행위는 '아버지'의 이름으로 불리는 현실의 법과 대립각을 형성하는 것이었기에 감옥에 갇혔고 그곳에서도 끝까지 자신의 신념을 포기하지 않았던 안티고네는 찬란하고 슬픈 비극의 주인공으로 남겨지게 된다. 이것이 소포클레스의 〈안티고네〉가 그리스 비극을 대표하는 작품으로 등극하게 된 연유다.

하지만 안티고네 이야기는 여기서 끝나지 않는다. 안티고네의 행위는 크레온으로 상징되는 기존의 체제와 질서를 무너뜨리는 결과를 초래했다. 안티고네의 자살은 그녀의 약혼자이자 크레온의 아들인 하이몬의 자살로 이어졌고, 이는 다시 사랑하는 아들을 잃은 크레온의 아내 에우리디케의 죽음을 불러온다. 그리하여 마지막에는 크레온도 모든 것을 상실하는 파국을 맞게 된다. 안티고네의 법 밖의 것을 지향하는 윤리가 크레온으로 상징되는 법의 윤리를 무너뜨린 것이다.

본래 윤리란 사회의 법규, 전통, 규범 같은 것들을 유지하고 존중하는 태도와 마음의 자세, 그리고 그것을 위한 행위 일반을 일컫는 말이다. 하지만 안티고네식 윤리는 보통 사회, 혹은 국가에서 말하는 윤리적인 것, 규범적인 것을 뚫고 나간다. 국가가 제공하고 체제가 허락하는 규범을 따르면 편하고 안락한데, 이 쾌락원칙을 거부하면서 안티고네는 쾌락 원칙 너머에 있는 것을 소망하며 나갔다. 그랬더니 옛 질서가 무너지는 결과가 나왔다. 이런 이유로 새로운 질서와 세상을 꿈꾸는 사람들에게 안티고네는 많은 상상력을 제공한다. 그렇다면 안티고네의 윤리를 세월호에 대한 애도의 문법으로 전환하면 어떻게 될까?

다시, 애도를 묻다

안티고네 이야기와 세월호 사건의 예에서 보듯이 권력은 그들이 보기에 애매하고 재수 없이 발생한 죽음을 둘러싼 진상규명과 애도 과정에 대해 난색을 표시하며 빨리 그 기간이 흐지부지되기를 소망한다. 안티고네와 세월호 유가족들은 '당신들이 우리의 애도를 가로막는 처사는 옳지 않고, 너무 쪼잔한 것 아니냐?'며 끝까지 체제가 강제하는 애도의 방식과 대결한(했)다. 그렇다면 왜 이토록 애도에 대한 입장의 차이가 극명하게 다른 것일까?
애도의 사전적 의미는 이렇다. '사람의 죽음을 슬퍼함'. 그렇다면, '애도를 성공적으로 마쳤다' 함은 죽음으로 인한 슬픔이 극복되었다는 말인데, 그렇다면, 성공한 애도는 필연적으로 실패한 애도가 되는 것 아닌가? 본래 애도란 망자에 대한 기억을 유지하고, 망자의 상실로 인한 아픔을 계속 지속시키는 행위여야 되는 것 아닌가 말이다. 그런 의미에서 진정한 애도란 애도의 사전적 의미, 즉 사람의 죽음을 슬퍼하는 행위를 현재진행의 사건으로 계속 유지시키는 행위다. 그러므로 성공한 애도라는 말은 형용모순이다. 세월호 참사로 인해 자식을 잃은 부모들이 인터뷰에서 빨리 슬픔에서 벗어나는 것을 꿈꾸는 것만큼이나, 이 슬픔이 완전히 극복되고 잊히는 것이 두렵다고 말하는 것은, 우리로 하여금 진정한 애도가 무엇인지를 다시 묻게 만든다.

안티고네의 폴리네이케스에 대한 애도는 크레온으로 상징되는 현실세계의 법칙을 뚫고 나온 실재the Real의 귀환이었다.* 이는 상상계에서 상징계로 진입할 때 배제되었던 '그것das Ding, the Thing'이 현실의 질서 밑에 숨어 있다가 융기한 사건이었고, 그럼으로써 현실의 법집행에 차질을 초래한 사고였다. 세월호 사건 역시 대한민국이라는 상징계를 뚫고 융기한 '실재'라 할 수 있다. 한국형 민주주의라는 이름으로, 국가정의의 이름으로, 경제성장 혹은 경제안정이라는 이름으로 배제되었던 한국 사회의 '그것'이 현실의 수면 밑에서 응축되어 있다가 터진 사건이 바로 세월호 참사다.

---

* 97쪽 두 번째 주 참조.

안티고네는 그 실재를 끝까지 밀어붙이면서 오빠 폴리네이케스에 대한 애도를 포기하지 않았다. 크레온이 장례를 막았던 이유는 애도의식이 망자에 대한 기억을 공동체 내에 유포시키기 때문이다. 그리고 기억의 공유는 필연적으로 어느 임계점에 이르러서는 사건화할 것이다. 그래서 크레온은 안티고네의 애도행위를 거부할 수밖에 없었다. 현재의 권력이 세월호에 대한 애도를 미완으로 남겨놓는 이유도 이와 같다. 세월호 참사는 무능하고 탐욕으로 가득 찬 대한민국의 실재가 드러난 사건이었고, 현 정부는 그 모든 진실을 누구보다 잘 알고 있다. 세월호에 대한 애도는 필연적으로 진실을 향한 행위를 경유할 수밖에 없다. 진실이 드러나는 순간 일어날 사건의 파장을 너무나 잘 알기에 정부로서는 이 애도를 허할 수 없는 것이다. 우리의 애도가 구천에 가 닿지 못하고 유령처럼 떠도는 이유가 바로 여기에 있다.

나는 미완으로 남겨진 채 배회하는 세월호를 향한 우리의 애도가 오히려 전화위복의 계기가 되리라 믿는다. 하지만 여기에는 다음과 같은 전제가 있다. 우리의 애도가 미완으로 남겨진 채 이어지고 있지만, 그것으로 인해 우리들의 마음에 생채기가 생겨 "제가 여기 있습니다"라는 윤리적 답변을 가지고 세상으로 나가야 한다는 것이다. 그러므로 우리는 거리에서 망자들의 이름을 부르며 그들을 기억하는 행위를 계속 이어가야 할 것이고, 거기서 죽은 자들과 살아남은 자들 간의 대화와 관계 맺음이 계속 유지되도록 살펴야 할 것이다. 그러는 가운데 도래하는to-come 변혁의 가능성을 기대하고 전망하면서 말이다. 그렇게 될 때, 세월호 애도의 불가능성은 오히려 변혁을 향한 가능성의 지점이자 거점으로 우리 앞에서 살아 있게 된다.

결국, 세월호에 대한 애도는 '세월호 문제는 종결되었다!'고 선언하는 세상의 음성에 파열음을 내는 것이다. 그것이 세월호 문제를 이대로 덮고 지나가려는 세력들에게는 부담과 불편으로 작동할 것이고, 우리들에게는 세월호라는 엄청난 사건이 발생했음에도 불구하고 아무런 변화가 없는 현실의 법칙을 의심의 눈초리로 바라보게 할 것이다. 그렇게 거짓된 현실을 삐딱하게 바라보고, 진실을 감추는 자들을 향해서는 쫄지 말고 정당한 목소리를 내면서 우리의 애도를 유포하다 보면, 어느새 우리 앞에 현실의 파국이 가능성의 형태로 우뚝 솟아올라와 있지 않을까? 그때야 비로소 우리의 애도는 완성된다. 아니, 그때가 비로소 우리 애도의 출발점이다.

이상철 | 한신대 외래교수. 제3시대 그리스도교 연구소 객원연구원. 한신대 신학과를 졸업하고, 동 대학원 신학과에서 기독교윤리학을 전공했다. 시카고 맥코믹 신학대학원에서 석사 과정을 마친 후, 시카고 신학대학원에서 '데리다와 레비나스의 타자의 윤리'를 주제로 철학박사 학위를 받았다. 2009년 여름부터 '제3시대 그리스도교연구소'에서 운영하는 웹진 〈제3시대〉에 글을 기고하고 있으며, 《탈경계의 신학》을 썼다.

잊지 않겠다는 약속을 기억하며

—우리 교육을 생각한다

정병오

세월호가 침몰하면서 교육계에서 가장 먼저 드러난 것은 교육
당국이 교육의 본질에 무관심하고 오직 정권과 기득권에 대한
비판을 차단하는 일에 일차적인 관심을 갖고 있다는 사실이
었다.

수면 위로 드러난 한국 사회의 민낯

2015년 1월 1일 기사에 따르면 〈한겨레〉가 광복 70년 특집으로 "광복 이후 일어난 가장 중요한 역사적 사건"을 묻는 설문조사에서 한국전쟁(15.5%)과 세월호 참사(13.9%)가 각각 1, 2위를 차지했다. 전체 세대를 통틀어 세월호 참사가 2위를 차지하긴 했지만 20대와 30대, 40대에서는 세월호 참사가 1위로 나타났다.

국민들이 세월호 참사를 단지 304명이 희생된 하나의 사고로만 보지 않고 한국전쟁에 비견할 정도로 역사를 가르는 사건으로 인식하고 있는 이유는 무엇일까? 냉정하게 따지고 보면 세월호 참사보다 더 많은 희생을 치르고 더 큰 역사적 파장을 남긴 사건들도 많이 있었다. 제주 4·3항쟁이나 베트남 파병, 광주 민주화운동만 하더라도 세월호 참사보다 훨씬 더 많은 희생자와 오랜 시간의 역사적 생채기를 만들어냈다. 그리고 이승만 정부의 친일청산 방해와 선거부정과 독재, 박정희와 전두환으로 이어지는 군사 쿠데타와 독재 통치는 역사의 흐름을 거꾸로 돌리고 숱한 인권침해와 구조적 모순의 씨앗을 심어놓은 사건이었다.

국민들이 이러한 수많은 현대사의 중요한 사건 가운데 세월호 참사를 한국전쟁에 비견할 정도의 역사적 사건으로 꼽은 것은 단지 세월호 참사가 가장 최근에 일어난 사건이기 때문만은 아닐 것이다. 이보다 더 중요한 이유는 세월호 참사가 우리를 광복 이후 70년 동안 정신없이 달려오며 이룩해온 한국 사회의 이면과 밑바닥에 직면하게 했기 때문일 것이다. 그리고 세월호 참사로 인해 드러난 총체적인 모순은 더 이상 세계 10위권 경제 대국, OECD 회원국 등 화려함과 풍요함이라는 화장으로 가릴 수 없는 우리 사회의 민낯임을 직감했기 때문일 것이다. 무엇보다 304명의 희생자 가운데 절대 다수인 250명이 우리의 자녀들이라는 사실에서, 우리 사회가 이룩했다고 자부했던 것들이 자녀 세대들을 스스로 빠져나올 수 없는 불행의 구렁텅이로 밀어 넣고 있다는 점을 인정하지 않을 수 없었기 때문일 것이다.

실제로 세월호와 함께 304명의 귀한 목숨들이 바닷속으로 가라앉으면서 그동안 우리 사회에 가라앉아 있던 수많은 문제들이 물 위로 솟아올랐다. 그것은 우리가 익히 알고 있고 또 우리 삶 가운데 깊숙이 자리를 잡고 있던 것이었지만, 그것들이 한꺼번에 드러났을 때의 모습은 너무도 참혹했다. 국민의 안전이 아닌 통치자의 안전과 심기를 더 염려하는 정치, 그럴듯한 시스템은 다 갖추고 있지만 위기 상황에서 실제로 작동하지 않는 무능한 행정, 경제적 이익을 위해 사람의 생명과 안전은 뒷전으로 하고 온갖 비리와 부정이 난무하는 연고주의 사회 구조, 자신이 처한 자리에서 최소한의 자기 책임도 방기하는 무책임과 비윤리성, 그리고 자녀를 잃은 유가족의 울부짖음마저 정쟁과 이념의 잣대로 치부하고 뭉개려는 잔인성 등이 우리 사회의 민낯이었다.

이렇게 세월호의 침몰로 인해 드러난 우리 사회의 치부와 문제를 어떻게 해결하느냐는 향후 70년 혹은 100년의 미래를 좌우할 수 있다. 역사의 중요한 분기점으로 작용할 것이 틀림없다. 이런 의미에서 세월호 참사의 희생자들은 자신들의 억울한 죽음을 통해 지난 70년 동안 달려온 우리 사회의 방향이 정말 옳았는지 돌아보게 했으며, 돌이킬 수 있는 기회를 제공했다고 할 수 있다. 그리고 70년 동안 누적되어온 우리 사회의 문제와 모순들을 이제 더 이상 미루지 말고 하나씩 풀어가라고 말하고 있다.

그렇다면 세월호 참사로 인해 명백하게 드러난 한국 사회의 총체적 모순을 누가 어떻게 풀어가야 할 것인가? 일차적으로 책임 있는 당국자들과 사회의 지도층이 앞장서야겠지만 그렇다고 해서 이들만 바라보거나 이들을 비난하는 데 머물러 있어서는 안 된다. 우리 각자가 자신의 삶의 구체적인 일상 가운데 자리잡고서, 자신이 놓지 못하고 있는 것은 무엇인지를 세밀하게 살피고 자신의 삶에서부터 고쳐야 할 부분은 고치고 바꿀 수 있는 부분은 바꿔가야 한다. 그리고 한국 사회 전체의 문제로 뭉뚱그려 생각할 것이 아니라 우리 사회의 각 영역을 미시적으로 살피고 각 영역 가운데 던져진 과제에 응답할 수 있어야 한다. 이런 차원에서, 교육에 몸담고 있으면서 기독교사운동에 헌신해온 자로서 세월호 침몰과 함께 드러난 한국 교육의 민낯과 과제를 살피고 이에 대해 교육계, 특히 기독교사운동이 어떻게 응답해야 할지에 대한 고민은 내가 감당해야 할 몫이라는 생각을 해왔고, 이러한 고민들을 함께 나누고자 한다.

사고 이후 교육당국은 무엇을 했나?

세월호가 침몰하면서 교육계에서 가장 먼저 드러난 것은 교육당국이 교육의 본질에 무관심하고 오직 정권과 기득권에 대한 비판을 차단하는 일에 일차적인 관심을 갖고 있다는 사실이었다. 세월호 참사는 교육과 직접 관련해서 일어난 일은 아니었지만 전체 476명의 탑승객 가운데 수학여행을 온 안산 단원고 2학년 학생이 325명이나 되었고, 304명의 희생자 가운데 학생이 250명이나 되었다. 이렇게 많은 학생들이 희생을 당했음에도 불구하고 교육부가 사고 이후 취한 조치는 모든 학교의 수학여행과 체험학습을 금지한 것뿐이었다. 그리고 학교 현장에서 세월호 참사와 관련한 애도수업이나 계기수업, 노란 리본 달기 등의 자발적 움직임이 있자 이를 금지하는 일에 적극 나섰다.

무슨 심오한 교육철학이나 교육이념을 말하지 않고 상식선에서 생각하더라도, 이렇게 많은 학생들이 죽고 온 국민이 충격과 슬픔에서 빠져나오지 못하고 있는 상황에서 아이들이 이러한 죽음을 진정으로 슬퍼하고 이 슬픔을 함께 나눌 수 있도록 해주는 것이 교육이 해야 할 가장 기본적인 일일 것이다. 그런데 교육당 국은 이런 가장 기본적인 것도 제시하지 못하고 그야말로 '가만 히 있기'만 할 뿐이었다. 그리고 그나마 교사들을 중심으로 자발 적으로 일어난 애도수업이나 계기수업의 움직임마저 적극적으로 제지했다. 이러한 움직임이 교육적으로 문제가 있거나 잘못되어 서가 아니라 혹 이러한 교육을 하는 가운데 아이들을 한 명도 구 출하지 못한 정부의 책임에 대한 이야기가 나올지도 모른다는 이 유 하나 때문이었다.

미국을 비롯한 서구 선진국에서는 국가나 사회적으로 큰 사건 이나 이슈가 있을 때 이를 교육적으로 적극 활용한다. 교육이 가 정이라는 일상의 생활공간을 떠나 학교라는 공간의 정형화되고 추상화된 지식의 체계 속으로 들어온 이후, 국가나 사회의 큰 사 건이나 이슈를 교실로 가지고 와서 아이들과 함께 생각하고 논의 하는 것은 학교 교육을 구체적인 삶의 현실과 연결시켜주는 매우 중요한 통로로 여겨져온 것이다. 그런데 이러한 흐름과는 반대로 우리나라의 근대 학교는 일제의 영향으로 아이들을 주어진 교과 서의 추상화된 지식의 한계에 철저하게 가두는 교육을 해왔고 교 과서 밖 삶의 이야기를 하는 것은 불온시되어왔다. 교과서 밖의 삶을 이야기할 경우 혹 조선의 혼을 심어줄까 봐, 그리고 해방 이 후에는 정권에 비판적인 의식을 심어줄까 봐 두려웠던 것이다.

이렇게 아이들이 실제 삶의 이야기에 접속해서 세상을 이해하고 아파하며 현실을 바꾸는 꿈을 꾸는 것을 차단하고 철저하게 교과서의 추상화된 지식을 주어진 그대로 암기하게 하고 그 결과만 가지고 줄을 세우는 교육이 가져오는 결과는 너무도 명백했다. 내가 열심히 해서 남들보다 좀 더 앞서서 나와 내 가족을 위해 사는 이기적인 아이들을 양산하는 매우 비교육적인 결과를 반복하고 있는 것이다. 하지만 교육당국은 무엇이 진정으로 교육적인지 잘 알면서도, 어릴 때부터 실제 삶을 이야기하고 아파하고 나누고 문제를 고치는 꿈을 꾸는 것이 정권과 현재의 기득권 체제에 비판적인 의식을 길러줄까 두려워서 계속해서 교육의 변화를 거부해온 것이다.

가만히 있으라고만 하는 교육

세월호가 침몰 과정에서 이렇게 희생이 컸던 이유 중 하나는 '가만히 있으라'는 방송에 있었다. 이 방송의 지시에 따라 교사들은 아이들이 방에 그대로 있도록 통제했고, 아이들은 그 통제에 순응함으로 결국 침몰하는 배에서 빠져나오지 못하고 죽음에 이르게 되었다. 물론 재난 상황에서 나만 살겠다고 개별행동을 해서는 안 되고 중앙의 지시와 통제에 따라 질서 있게 행동해야 하는 것이 옳기 때문에, 이 상황을 한국 교육에 직접 적용하기는 무리가 있다. 하지만 최소한 재난 상황에서 각각의 창의성을 발휘해서 탈출하도록 하지 않고 '가만히 있으라'는 방송만 남발했던 선장을 포함한 세월호의 상황실은, 세상이 어떻게 돌아가든 학교에서는 학생들에게 세상의 진짜 삶과 접속하지 말고 교과서의 지식을 주어지는 대로 암기만 하고 있으라는 교육당국의 태도와 별반 다르지 않다. 그리고 그러한 지시를 그대로 수행하면서 죽어갔던 세월호의 상황은 어쩌면 한국 교육의 단면을 보여주는 그림과 같다고 할 수 있다.

그러므로 이제 교육은 그동안 국가 교육당국이 중심이 되어 아이들을 교과서의 추상화된 지식 속에 가두고 그 속에 가만히 앉아 반복적 암기를 통해 입시 경쟁의 승자가 되라고 강요해온, 한가지 명령체계에서 벗어나려는 노력을 해야 한다. 국가 당국에 이러한 의지가 없을 경우 교사와 학부모, 시민사회와 종교계를 중심으로 이러한 체제에 반기를 드는 움직임을 만들어내야 한다. 물론 현재의 국가가 중심이 되어 아이들을 교과서와 경쟁체제 속에 가만히 있게 하는 교육은, 단지 현 정부 차원의 정책이 아니라 우리 사회 노동시장의 문제와 복지와 조세의 문제, 갈수록 심화되는 부의 세습과 불평등 문제까지 연결되는 거대한 구조적 문제이기 때문에 쉽게 고쳐지리라 기대할 수는 없다. 하지만 개별 부모나 교사는 물론이고 이를 고쳐가고자 하는 크고 작은 공동체 차원의 실천과 운동을 통해 조금씩 균열을 낼 수는 있다. 그리고 이러한 균열들이 쌓여서 큰 변화의 물길을 만들어갈 수 있다.

지역사회와 함께하자

세월호 참사 이후 사회와 언론의 모든 관심이 팽목항에서 실종자들의 시신을 인양하는 데 초점이 맞추어져 있었지만 안산 단원고에서는 75명의 세월호 생존 학생들을 돌보고 회복을 돕는 일이 큰 과제였다. 세월호 생존 학생들은 세월호의 침몰 과정에서 느낀 죽음에 대한 공포와 친구들이 죽는 가운데 혼자 살아난 것에 대한 죄책감 등으로 인해 지극히 위축되어 있어 자칫 2차 피해가 우려되는 상황이었다. 다행히도 경기도 교육청과 단원고의 교사들, 지역사회와 여러 전문가 집단의 도움의 손길들이 모아졌다. 물론 이 과정에서 여러 어려움도 있었지만, 그래도 세월호 참사의 트라우마로 인한 극단적인 선택을 하는 학생이 한 명도 없이 생존 학생들은 조금씩 일상으로 복귀해갔다.

하지만 이 과정들이 순조롭게 진행되지는 않았고 수많은 불협화음과 갈등이 있었다. 우선 생존자의 학부모들 가운데 날카로운 감정을 학교와 교사에 대한 불신으로 표출하는 경우가 많았고, 학교와 교사는 이러한 일부 학부모들의 공격을 제대로 소화하지 못해 극도로 움츠러드는 상황이 많이 발생했다. 그리고 학생들을 돕기 위해 투입된 공적 인력 혹은 자원봉사 조직들은 의욕은 넘쳤지만 학생들의 필요와 정확하게 맞물리지 못해 겉도는 경우가 많았고, 자기 조직의 성과를 과도하게 내세우려다 학교와 학생들의 신뢰를 잃는 경우도 생겨났다. 그리고 학교는 지역사회와 여러 자원봉사 조직들과 함께 일을 하는 데 익숙지가 않아 이 모든 에너지를 잘 모아 학생들의 치유와 교육을 위해 실제적인 힘을 발휘하도록 조율하고 이끌어가는 일을 버거워했다.

물론 세월호 참사와 같은 국가적 재난 상황에서 국가 조직도 제대로 대응하지 못해 단 한 명의 목숨도 구하지 못했을 뿐 아니라 이후 사고를 수습하는 과정에서도 많은 문제를 남겼는데, 이러한 재난에 대한 대비나 경험이 전혀 없는 개인과 학교, 지역사회가 능숙하게 대처할 것을 기대할 수는 없다. 하지만 이러한 현실을 충분히 인정한다 하더라도 우리의 학교와 지역사회는 아이들이 가지고 있는 여러 문제의 해결을 위해, 혹은 아이들의 건강한 성장을 위해 함께 협력해온 경험과 축적된 자산이 거의 없었다. 그동안 우리 사회는 교육을 학교와 교사에게만 맡겨두었을 뿐 아이들을 놓고 학교와 가정, 지역사회와 사회의 여러 자원봉사 조직이 제대로 협력하여 일해본 적이 없었던 것이다. 그동안 학부모들은 학교에서 자신의 아이에게 불이익을 주지 않을지 불신하면서 자기 아이를 잘 봐달라며 개별적 접촉을 시도해왔고, 학교는 학부모들이 학교의 일에 간여하고 귀찮게 할까 봐 가급적 이들을 멀리하려고 애써왔다. 그러다 보니 최근 학교폭력 등 학교와 가정이 긴밀하게 협력하지 않으면 안 되는 문제가 발생해도 행정적·법적 조치들만 강화될 뿐 실제적인 교육적 협력의 분위기는 오히려 더 나빠지고 있는 상황이다.

그리고 일부 농어촌 지역을 제외하면 학교는 지역사회에 존재하지만 지역사회와는 별개로 돌아가는 섬으로 존재해왔다. 물론 이는 우리 사회 자체가 급속한 도시화로 인해 마을과 이웃 개념이 붕괴된 영향이긴 하지만, 이러한 사회적 분위기를 고려하더라도 학교는 과도하게 지역사회에 폐쇄적이었다. 이것은 교회를 가운데로 한 지역사회를 중심으로 근대 공교육이 형성되었던 서구와는 달리 한국의 근대 공교육은 학교가 지역 주민들의 의사와 무관하게 국가에 의해 국가의 기관으로 세워져온 영향이 크다. 물론 한국 근대 교육도 초기에는 지역 주민들에 의해 지역의 아이들을 위한 학교로 출발한 경우가 많았다. 하지만 일제 강점기를 거치며 국가가 공교육을 장악했고, 이후 학교는 지역과 무관한 교육부의 말단 기관으로 자리매김되었다. 그래서 한국의 학교는 지역민들이 세우고 그 지역의 에너지를 쏟아 키워가는 지역사회 공동의 기관이 아니라 국가 관료체계가 운영하는 하나의 국가 기관이 되어버린 것이다.

이렇게 학교가 한 아이를 놓고 가정과 국가, 지역사회가 협력하는 일의 구심점이 아니라 가정과 지역사회로부터 분리된 국가의 기관으로만 존재해온 상황에서, 세월호 참사와 같은 큰 재난이 터졌다고 하여 갑자기 원활한 협력이 이루어질 수는 없었던 것이다. 결국 학교가 한 아이를 놓고 가정과 국가, 지역사회가 힘을 합치고 지혜를 모으는 교육의 구심점으로 변모하지 않으면 우리 사회의 수많은 에너지가 우리 아이들의 교육을 위해 제대로 집중될 수 없음이 세월호 참사 생존자들을 돌보는 과정에서 그대로 드러난 것이다.

그러므로 이제 우리는 교육을 학교라는 국가 교육체제에 종속된 것으로만 보는 데서 벗어나야 한다. 학생을 학교의 구성원으로만 여기는 것, 그리고 학교는 학생을 보내는 곳이라고만 사고하는 틀에서 벗어나려고 노력해야 한다. "한 아이를 키우려면 온 마을이 필요하다"는 격언이 말하듯 이제는 학교가 아닌 한 아이를 중심으로 교육을 볼 수 있어야 한다. 모든 교육을 학교에만 맡겨놓고 학교를 불신하고 학교에 대해 불평하는 데서 벗어나서, 이제는 한 아이의 교육을 위해 가정과 학교와 지역사회, 종교단체가 협력하는 틀을 만들고 다양한 실험을 해야 한다. 이를 위해 교육당국은 자신이 가진 권한을 학교와 지역사회에 대폭 이양해야 하고, 학교는 그 학교에 속한 교사와 학부모, 학생, 지역사회의 참여와 대화를 통해 교육을 만들어가는 훈련을 해야 한다. 그리고 교육의 장場 역시 학교 교실에 한정시킬 것이 아니라 가정과 지역사회, 종교단체로 확대해서 이 모든 자원을 아이들의 성장을 위해 어떻게 사용할 것인지를 고민해가야 한다.

기독교사들의 반성과 다짐

세월호 참사를 보면서 나를 포함한 많은 교사들은 아이들과 함께 목숨을 잃은 교사들의 모습을 많이 생각했다. 거기에 자신이 있었더라도 방송에서 들려오는 '가만히 있으라'는 지시를 따라서 아이들을 통제하는 자리에 있을 수밖에 없었을 것이라는 고백을 하면서, 세월호에서 아이들과 함께 죽어갔던 교사들의 모습이 곧 오늘날 한국 교사들의 모습을 상징적으로 보여주는 것 같다며 마음 아파했다. 그리고 이제 교사들도 교육부에서 지시하는 명령을 주어진 자리에서 그대로 잘 수행하는 것만이 능사가 아니라, 보다 주체적이고 능동적으로 교육의 본질을 깊이 생각하고 판단하며, 이 판단에 비추어 자신이 할 수 있는 대안들을 찾아나서야 할 때라는 것을 공감했다. 비록 교육공무원이라는 신분적 한계가 분명하고 오래된 입시 위주 교육 체제와 구조를 모두 떨쳐버릴 수는 없다 할지라도 그 가운데서 내가 저항할 수 있고 새롭게 시도할 수 있는 공간을 넓혀가는 삶을 살자며 서로를 많이 격려했다. 특별히 기독교사들은 교육부로부터 부름받은 교육공무원일 뿐 아니라 하나님으로부터 부름받은 기독교사로서의 소명이 있으므로, 비록 '가만히 있으라'는 국가의 명령이 있다 하더라도 그 명령을 따르는 것이 옳은 것인지를 하나님 앞에서 한 번 더 걸러 판단하는 삶을 살자고 다짐했다.

이와 동시에 세월호에 탑승했던 15명의 교사 가운데 13명의 교사들이 끝까지 아이들과 함께 있으면서 아이들과 함께 목숨을 잃은 상황이 주는 의미가 무엇인지를 묵상했다. 세월호 참사는 250명이라는 많은 아이들이 한꺼번에 목숨을 잃은 사건이었지만, 이 사건으로 인해 교사와 학교가 비난을 받지 않았다. 이는 학교와 교사에 대한 불신이 과거 그 어느 때보다 높은 현실을 생각할 때 매우 이례적인 일이었다. 이것은 세월호 참사의 현장이나 원인이 학교와 직접 관련이 없어서이기도 하겠지만 아이들과 탑승했던 대부분의 교사들이 끝까지 아이들 곁을 지키며 아이들과 함께 죽어갔기 때문일 것이다. 그러기에 세월호 참사 가운데서 끝까지 아이들과 함께 있으면서 자신의 목숨을 바쳤던 교사 희생자들의 죽음을 기억하며, 이제는 학교와 교사가 이 사회로부터 새로이 신뢰를 얻을 수 있도록 학교와 교사에 대한 신뢰회복 운동에 더 박차를 가해야겠다는 생각을 했다.

세월호 참사가 학교와 교사들에게 주는 의미를 묵상하면서 가장 많은 교사들이 했던 고백은, 그동안 교직생활을 하면서 너무 많은 아이들을 침몰하는 배 속에 버려두고 자신만 빠져나오는 삶을 살아온 것이 아닌가 하는 반성이었다. 세계 어느 나라와 비교해도 과도하게 어려운 교육과정으로 인해 수많은 아이들이 해당 학년의 교육과정을 따라가지 못하고 누적된 학력 결손으로 좌절하고 고통당하고 있음에도 불구하고, 이 아이들을 교사 혼자서 다 책임질 수 없다며 수업을 잘 따라오는 상위권 아이들만 데리고 배를 빠져나왔던 것에 대한 자성이 일어났다. 갈수록 심각해지는 양극화의 현실 가운데서 가정에서 제대로 된 돌봄을 받지 못하는 아이들이 진액을 다 앗아갈 정도로 교사를 힘들게 할 때 그 아이들을 비난하고 분노하기만 했지 그 원인을 찾고 더 깊은 돌봄과 사랑을 쏟아주지 못한 것에 대한 회개도 많이 했다.

비록 이 모든 문제의 원인이 학교에 있는 것이 아니고 교사 개인의 힘으로 문제를 다 해결할 수 있는 것은 아니라 할지라도, 우선은 침몰하는 배 속에 남아 있는 아이들에게 우선적인 관심을 가지고 끝까지 함께 있으면서 그들을 살리는 노력을 하겠다고 다짐했다. 물론 좋은교사운동 소속 선생님들은 지금까지도 학교에서 가장 소외되고 고통받는 아이들에게 관심을 갖고서 그들을 더 사랑하고 지원하려는 활동을 지속적으로 펼쳐왔다. 그래서 학기 초 아이들의 가정을 다 방문해 가정형편을 파악하고, 학급에서 가장 힘들고 도움이 필요한 아이들에게 특별한 관심을 가지고 지속적인 지원을 해왔다. 그리고 학습부진아를 방치하지 않고 도울 뿐 아니라 그들을 위한 교재를 개발해왔으며, 학교폭력으로 위협받는 아이들을 돌보기 위해 쉬는 시간과 점심시간을 포함해서 아이들이 있는 모든 곳에 교사가 늘 함께 있으려 했고, 아이들 사이의 갈등을 평화적으로 해결하는 훈련을 지속적으로 해왔다. 이같은 수고와 섬김을 바탕으로, 이제 이러한 운동과 실천의 실효성을 높이는 일과 이러한 운동을 전체 교육계에 확산시키는 일에 더욱 힘써야겠다고 다짐했다.

세월호 참사가 발생했을 때 많은 국민들이 '잊지 않겠다'는 약속을 했다. 하지만 시간이 지나면서 조금씩 잊어가고 있는 것이 현실이다. 비록 국민의 여론에 밀려 세월호 특별조사위원회가 구성되긴 했지만 이 위원회를 감시하고 끌어가야 할 국민적 분노도 많이 약화된 상태다. 인간은 현실적으로 자신의 일상을 살아내야 하는 존재이기 때문에 일상을 떠난 특별한 차원의 분노와 행동은 단기간 힘을 발휘할 수는 있지만 장기적으로 어떤 일을 이루어내기가 쉽지 않다. 진정으로 잊지 않기 위해서는 세월호 참사가 우리에게 남긴 역사적 과제를 되새기며 자기 일상의 영역 가운데서 대안을 찾아 꾸준히 그 삶을 살아내는 개인들이 있어야 하고, 동일하게 그 영역에 주어진 과제를 실천하면서 제도적이고 구조적인 개혁을 일구어내는 공동체가 있어야 한다. 그러기에 최소한 내가 속한 교육 영역에 주어진 과제는 내 삶의 실천을 통해서 잊지 않고 끝까지 이 약속을 지켜가고자 한다. 그리고 기독교사들의 공동체인 좋은교사운동도 모든 아이들이 자신이 처한 환경과 관계없이 배움의 기쁨을 누리고 더불어 살아가는 삶을 익힐 수 있도록 노력하며 이 약속을 지켜갈 것이다.

정병오 | 아현산업정보학교 교사, 좋은교사운동 정책위원. 서울대학교 사범대학 윤리교육과를 졸업했고, 서울청운중학교, 장충여자중학교, 양화중학교, 문래중학교 등에서 가르쳤다. 《시대를 뒤서가는 사람》, 《선생님은 너를 응원해!》, 《하나님 앞에서 공부하는 아이》(공저) 등을 썼다.

유가족의 사회학,
우리의 신학,
숨어 있는 하나님

최규창

세월호 사건은 그 누구도 원하지 않았던 비극이지만 우리의 인생에서 타인의 고통을 돌아보게 만드는 하나님의 부르심으로 다가온다. 그 이상의 거대한 그분의 뜻은 우리로서는 상상할 수 없다. 현재의 명확한 부르심에 반응하는 것이 우리의 의무다. 그리고 그 부르심은 오직 즉시 행함으로써만 그 가치를 가지게 될 것이다

세월호는 무엇을 건드렸는가

이제 '4·16'은 하나의 고유명사처럼 많은 국민들에게 내면화되고 있다. 마치 4·19(4·19 민주혁명, 1960년), 5·18(5·18 광주민주화운동, 1980년), 6·10(6·10 반독재민주화운동, 1987년), 12·3(대한민국의 IMF구제금융 신청, 1997년)과 같이 우리나라 현대사의 한 중요한 사건이자 시대를 반영하는 시금석이 되고 있는 것이다. 이러한 사건들을 겪으면서 우리 사회는 이전과 달라졌고 새로운 단계로 도약했으며, 이후 수십 년간 그 의미에 대한 끊임없는 해석 작업이 이어지고 있다. 이러한 각 사건들을 긍정적으로 해석하든 그렇지 않든 우리는 그 사건들이 우연히 벌어진 것이 아니라, 오랫동안 사회에 응집된 힘이 모아져 분출된 것임을 분명히 인식하고 있다. 그래서 그에 대한 다양한 해석이 가능해지는 것이다. 세월호 사건(단순한 선박 침몰 사고가 아니라 이에 대한 우리 사회 전체의 반응 현상을 통칭) 역시 민주정권이 들어선 지 20년이 다 되어가는 현재 우리 사회에 축적된 변화의 산물이자, 사회·경제·문화·종교·예술에 걸쳐 우리의 삶 전체에 다시 영향을 주는 총체적 이슈가 되었다고 말할 수 있을 것이다.

그러나 세월호 사건을 이전의 중요한 사건들과 비교할 때 우리는 약간의 부조화를 경험한다. 다른 사건들은 우리 사회에 축적되어온 문제들에 주체적으로 저항하려는 의지의 표출이었다. 그러나 세월호 사건은 누구도 원하지 않았으나 그냥 우리에게 벌어진 일이며, 자칫하면 그냥 하나의 '사고'로 정의되어 적절한 보상으로 마무리되었을 법한 일이다. 실제 세월호 이전의 수없이 많은 사고들이 이와 같은 방식으로 마무리되었다. 그런데 내가 세월호를 한국 현대사의 흐름을 굴절시키는 중요한 사건으로 해석하는 이유는 바로 세월호 사고가 벌어진 후 지속적으로 나타나는 현상들 때문이다. 다시 말해, 우리가 주목해야 할 것은 세월호 '사고'가 아니라, 현재까지 계속되고 있는 세월호 '현상'이다. 그리고 그 중심에는 유가족들, 그리고 새롭게 목격되는 형태의 시민들이 존재한다.

개인과 집단에 충격을 주고 시대의 흐름을 굴절시키는 하나의 사건이 형성되기 위해서는 그것이 반드시 구조적 측면, 또는 이면의 본질적 요소들을 건드리는 과정이 포함되어야 한다. 현상만 건드리는 것은 사건이 되지 못한다. 왜냐하면 지속되는 운동이나 고귀한 시대정신은 '악'의 실체에 직면할 때만 비로소 상징화되는데, 진정한 악은 형식이 아닌 구조와 본질 속에 숨어 있기 때문이다. 따라서 1년이 지나가는 이 시점까지 세월호 진상규명 이슈가 놀랍게도 자본의 유혹, 철저한 여론 통제, 국민들의 차가운 눈초리마저 무색하게 하면서 사그라들지 않는 이유는 그 사건이 현상의 중심에 서 있는 유가족과 시민들을 새롭게 각성시켰기 때문이며, 그들 또한 우리 사회 안에 있는 무엇인가를 건드렸기 때문이라고 할 수 있다. 이 시대는 우리가 인지하지 못하는 사이에 이미 진화해왔는데, 그 진화가 눈에 보이는 현실과 어긋나는 지체현상이 누적되면 특정한 사건을 통해 교정이 이루어지는 것이다.

계몽적 희생자들의 등장

이번 세월호 사건은 이전에 볼 수 없었던 독특한 현상들을 만들어냈는데, 그중 하나는 희생자 유가족들이 보여주고 있는 고통의 표현방식과 문제 해결방식이다. 삼풍백화점 붕괴(502명 사망), 창경호 침몰(330명 사망), 남영호 침몰(323명 사망), 서해훼리호 침몰(292명 사망), 대한항공 747기 피격(269명 사망), 대한항공 항공기 괌추락(225명 사망), 대구지하철 방화(192명 사망), 경주 마우나리조트 붕괴(10명 사망), 씨랜드 청소년수련원 화재(유치원생 등 23명 사망) 등 우리는 수많은 대형사고를 겪으면서 살아왔는데, 세월호 사건 이전에는 한 번도 희생자의 유가족들이 사태 해결의 중심에 서 있었던 경우가 없었다. 아니, 이전에는 그들의 존재 자체가 제대로 목격된 적조차 없었다. 그러나 우리 국민들은 '4·16 세월호 참사 가족대책 협의회', '사단법인 4·16 세월호 참사 진상규명 및 안전사회 건설을 위한 피해자 가족협의회' 등과 같은 유가족 중심의 단체들이 구성되어 활동하고 있다는 것을 알고 있다. 46일을 단식한 희생자 아버지의 얼굴을 모두 알고 있고, 아무리 언론이 통제해도 유가족 대표가 자신들의 호소문을 낭독하는 모습과 그 내용을 다양한 방식으로 목격하고 있다. 1년이 지난 현재까지 유가족들은 세월호 사태 해결의 중심에서 여전히 배제되지 않고 있고, 야당뿐 아니라 막강한 힘을 지닌 여당까지 함부로 억압할 수 없는 저항력을 갖추고 있다.

더욱 놀라운 것은 비록 유가족들이 사태 해결의 직접적인 정치적 협상 당사자들이 아닐지라도 그들이 보여주는 영향력과 정치적 협상 결과물에 대한 논평, 상황 파악 능력, 대국민 설득력 등이 상당한 수준에 올라와 있다는 점이다. 그들은 자신을 피해자로만 정의하는 것이 아니라, 세월호 사태를 통해 드러난 우리 사회의 총체적인 구조 문제에 대한 책임감 있는 해결자로 스스로를 인지하며, 개인이나 가족을 넘어선 일종의 새로운 공동체적 비전을 제시해주고 있다. 단순히 이미 죽은 자식들을 위한 한풀이로 그치지 않고 진상규명을 통해 근본적인 해결책을 만듦으로써 이 나라에서 이런 일이 다시 일어나지 않도록 해야 한다는 보다 숭고한 비전이 이들을 사로잡고 있는 것이다. 이것은 마치 어떤 혁명이나 거듭남의 체험과 같은 계기를 통해 시민이 자기 스스로를 다른 주체로 인식하고 주도적으로 그것을 표현하는 하나의 현상과도 같다. 그런 의미에서 이것은 비록 사고라는 수동성에서 시작되었지만 우리 사회가 이미 변화하고 있음을 보여주는 하나의 시금석이라고 생각한다. 그래서 나는 이것을 우리나라 최초의 '계몽적 희생자들'의 등장으로 인식한다. 여기서의 '희생자'란 한국적 상황에서 복합적인 의미를 지니고 있으며 그것을 몇 가지 측면에서 살펴볼 것이다.

계몽적 희생자들의 도전 1
―왜곡된 가족주의의 모순

인간을 '사회적 동물'로 보는 관점 속에는 사회성을 규정하는 다양한 범주에 대한 해석이 내포되어 있다. 에밀 뒤르켐이 사회란 '동일한 광기를 가진 사람들의 집합'이라고 보았고, 막스 베버가 '같은 행동양식을 가진 사람들의 집합'이라고 설명한 것에 빗대보면, 분명 국가라는 단위는 사회라고 보기에는 너무나 다양한 입장과 이해관계가 섞인, 그래서 오히려 권력과 자본의 힘에 의해 결속된 다多사회적 이해관계 집단이라고 보는 편이 나을 것이다. 여기서 더 나아가 각 나라의 시민들은 자기들의 '광기'와 '행동양식'이 본능적으로 작동하는 단위를 무의식적으로 규정하는데, 우리나라의 경우는 그것이 철저히 '가족'에 국한되어 있다. 다시 말해 우리 사회, 우리나라는 수백만, 수천만 개의 가족의 집합이다. 어느 민족이건 가족을 가장 중요한 가치로 생각하는 것은 마찬가지지만 우리의 가족주의가 지닌 특징은 보다 고유하다. 따라서 한국에서의 통치기술은 수많은 가족 집단의 융화와 밀접하게 관련되어 있다. 계몽적 희생자들은 우선 한국식 가족주의라는 힘겨운 정서에 직면해야 하는 것이다.

우리는 우선 탈脫주체적 가족주의의 성격을 강하게 가지고 있다. 한국인의 탈주체성은 자기를 초월한 어떤 우등한 존재나 대상에 자신을 투사投射, projection함으로써 스스로를 상대적으로 정의하는 방식으로 이미 우리 안에 깊숙이 자리 잡고 있는데, 그 예로 영어 열등주의, 과잉 학력주의, 지나친 성직주의나 목사 숭배, 중앙 집권주의로 인한 초대형화 현상 등을 쉽게 목격할 수 있다. 자기 자신의 삶은 없고 끊임없이 어떤 대상과 자신을 동일시하는 데 집중하는 이런 성향은 경우에 따라 전체주의나 집단주의로 비치기도 하지만, 분명 그 한계와 의사결정의 기준으로 존재하는 것은 '가족'이다. 한국의 부모는 자녀가 아무리 장성해도 양육의 책임감을 내려놓지 못한다. 자녀의 생업을 위해 손주들까지 돌봐줘야 하고 재정적으로도 계속 부모의 의무를 다해야 한다고 생각한다. 심지어 자녀에게 보다 많은 유산을 물려줘야 한다는 생각에, 충분한 부동산이나 유동자산이 있음에도 불구하고 노년을 즐기지 못하고 계속 아파트 경비직과 같은 임금노동에 시달려야 한다. 그 대신 반대급부로 자녀들로부터도 그에 상응하는 존경과 대접을 은연중에 원하게 되는데 그것이 종종 분쟁의 씨앗이 된다. 줄곧 자신의 방식으로 자녀들에게 베풀었던 부모는 노년에 심한 배신감을 느끼기도 한다. 자녀를 통해 못다 이룬 꿈을 실현하고자 하거나, 자녀들이 부모의 마음에 드는 배우자와 결혼해야 한다고 굳게 믿는 사람들도 있다. 극단적으로, 경제적 이유로 비관자살을 하는 경우에도 배우자와 자녀들을 자기 손으로 살해하고 자살하는 경우가 허다하다. 이는 가족이 곧 자기 자신이며 자기가 책임져야 할 부속적 존재라는 의식의 결과다. 그래서 이러한 탈주체적 가족주의는 자기사랑의 결여 때문에 가족을 진정으로 사랑하기 어렵게 만들며, 그 결과 일어나는 욕망의 왜곡으로 자연스럽게 가부장적 성격을 띠게 된다. 부모가 돌아가시면 가부장적 억압은 소거되기 때문에 가족을 위해 희생했던 부모의 좋은 기억만 남게 되고 대부분의 자녀들은 생전에 효도하지 못했음을 후회한다. 극단적으로 보면 우리에게 가족이란 같이 있으면 힘들고 사라지면 그리운 존재들인지도 모른다.

'손녀딸 같아서' 젊은 여성의 가슴을 손가락으로 찔렀다는 전 국회의장이나, '가족 같아서' 군대 후임병을 성희롱했다는 한 도지사의 아들을 보면, 가족이라는 개념이 우리에게 얼마나 왜곡되어 있고 몰개성적인 것으로 각인되어 있는가를 짐작할 수 있다. 그들이 생각한 최선의 핑곗거리로 소환한 개념이 가족이었던 것이다. 그런데 그 가족이란 것이 성추행마저 정당화하는 가부장적 의미를 갖는데도, 우리 중 일부는 은연중에 그것이 어느 정도 말 자체는 성립된다고 생각하는 것이 현실이다. 남성들은 왜 이성교제에서 스킨십을 관계의 척도로 생각하는가. 직장에서도 왜 쓸데

없는 스킨십을 상대에게 가함으로써 불쾌감을 주는가. 이것은 자신의 내적 욕망을 가족이라는 공동체의식으로 위장시킨 무의식적 가부장 권력이 발동된 결과가 아닌가. 그때 우리가 생각하는 가족이란 도대체 무슨 의미인가. 우리는 온전히 독립된 개인으로서는 존재하기 어려운 사회를 살고 있다. 오히려 '누군가의 가족'으로 살아가고 있다는 것이 보다 현실적인 표현일 것이다. 그래서 우리는 서구 사회와는 달리 교육과정, 결혼, 사회적 인간관계에서도 가정을 단위로 평가받으며 그에 따라 행동한다.

일본의 집단주의나 서구의 개인주의, 우리의 가족주의는 모두 개인이 위기의식을 느끼는 임계점을 암시하는 용어들이다. 그 범주 안으로 위험요소가 침투할 가능성이 생기면 사람들은 긴장하고, 이를 저지할 반대행동을 시작한다. 일본과 같은 전체주의적 사회관을 가진 국가는 사회적 또는 기업 단위의 집단적 위기에 봉착하면 개인과 가정의 문제를 뒤로하고 구성원들이 모두 집단의 문제 해결에 뛰어든다. 물론 그것이 인간의 본성을 거스르기 때문에 장기적으로는 부작용을 만들지만 외관상으로는 매우 체계적이고 질서정연한 형태로 움직인다. 서구 사회는 개인의 자유와 권리에 지장이 없는 한도 내에서 가족과 사회에 헌신한다. 그러나 그 목적은 결국 개인의 행복이다. 우리의 경우는 개인의 삶이 가족에 녹아 있고, 큰 집단도 구성원 각자의 가족을 위해 존재한다. 1997년 말에 국가적으로 금을 모으는 캠페인을 성공적으로 끝낸 것을 흔히 숭고한 국가주의와 공동체주의로 해석하지만, 사실 그 기저에는 사상 초유의 대량해고와 공기업 청산, 금융권의 붕괴를 목격하면서 자칫 가정이 무너지는 일이 벌어질 것에 대한 본능적인 방어기제가 작용한 것으로 볼 수도 있다. 세계가 놀랄 정도로 우리가 빨리 외환위기를 극복한 것도 이러한 사실에 기인한다. 온 국민이 자기 가정에 위험이 닥치지 않게 하려는 의지를 실천한 결과, 자연스럽게 국가는 빠른 시간 안에 위기를 극복하게 되는 것이다. 따라서 누가 대통령이 되든, 어느 당이 집권하든 국민의 살림살이나 국가의 경제적 회복탄력성은 큰 차이가 없어진다. 우리가 집단적으로 움직이는 이유는 보다 미시적인 데 있기 때문이다.

온 국민이 집단적으로 장기적 시위를 했던 2008년 광우병 쇠고기 수입반대 촛불시위와 2014년 세월호 진상규명 및 특별법 제정 촉구 촛불시위 역시 비슷한 맥락에서 해석이 가능하다. 쇠고기는 우리 가족이 매일 먹어야 하는 음식이기 때문에 젊은 엄마들까지 나서지 않을 수 없는 문제였고, 세월호 시위 역시 300개가 넘는 가정이 무너지는 초유의 사태가 아무런 진상규명이나 책임자 처벌 없이 넘어가는 현실에 분개한 사람들의 움직임이었다. 하루 두 끼를 매식하는 사람들이 원산지를 알 수 없는 고기를 매일 먹어야 한다는 것과, 누구나 가야 하는 수학여행을 가던 아이들이 아무런 잘못도 없이 순전히 외생적 요인만으로 죽었는데 여전히 원인이 규명되지 않고 있다는 것은 가족의 영역 안에 심각한 불안을 일으키는 일이었던 것이다.

우리가 가족의 문제일 경우에만 움직인다는 사실은, 위에서 언급한 몇 가지 경우를 제외하면, 우리 국민들이 온라인에서 익명으로 컴퓨터 키보드로 한풀이하고 분노를 표출하는 것 외에는 집단으로 어떠한 직접행동을 한 경우를 근래에 찾아볼 수 없다는 사실이 반증한다. 정작 자기 자신은 잘 돌보지 않지만, 가족의 문제에는 극도로 민감해지는 것이 우리의 모습이다. 정치인, 종교인들이 아무리 비상식적인 말과 행동을 해도, 대통령이 아무리 이해할 수 없는 언행을 해도, 억압받고 가난한 자들과 비정규직 종사자들이 아무리 대중의 도움을 요청해도, 자기 가정의 일이 아닌 이상 대중은 쉽게 움직이지 않는다. 세월호 사태의 진상규명 요구 과정도 이와 맞물려 있다.

수백 명의 아이들이 바다에 가라앉는 모습을 며칠간 매체를 통해 생생하게 목격한 것 자체가 우리에게는 큰 충격이었다. 그것은 영화나 드라마가 아니라 실제 사건이었고, 더구나 거기에는 집집마다 키우고 있는 어린아이들이 많이 타고 있다는 사실이 알려져 있었기에 더욱 큰 충격을 안겨주었다. 우리의 가족주의적 공감 성향을 보건대, 이 사건은 자칫하면 온 나라의 공분을 불러일으킬 만한 요건을 충분히 갖추고 있었다. 그래서 정부는 처음부터 언론을 철저하게 통제했고, 신속한 구조를 포함해 사건 해결의 형식적 요건들을 갖추고 있는 것으로 비치려고 노력했다. 극히 이례적인 대통령의 방문과 눈물의 위로가 있었고, 모든 방법을 동원한 진상규명 약속이 이어졌다.

여기서부터 우리의 가족주의는 다시 새로운 형태로 분기한다. 처음에는 자식을 잃은 이들의 슬픔을 위로하는 온정적 가족주의가 발동되었지만, 대통령도 눈물을 흘리면서 관심을 보인 마당에 진실공방과 특별법 제정 실랑이가 이어지면서, 진상규명을 요구하며 시내 중심가의 공간을 장기 점유하는 유가족의 요구는 자칫 다른 가정의 평화를 위협할 수 있다는 불안감을 유발하게 된 것이다. 정치권은 이것을 이용했고, 일부 우익단체들은 그러한 일부 국민의 인식변화에 힘입어 직접 유가족들의 시위를 저지하는 실력행사에 나서기도 했다.

희생자들이 의사자로 지정되고, 유가족에게 엄청난 보상금이 주어질 것이며, 대학특례입학 등 각종 혜택이 주어질 것이라는 근거 없는 말들이 인터넷과 SNS를 통해 퍼지기 시작했고 그것이 유가족의 요구사항인 것처럼 전파되었다. 이런 말들은 유가족을 통해 나온 적도 없을뿐더러, 사실 사고로 죽은 희생자들을 국가유공자에 준하는 의사자로 지정한다는 것 자체가 말이 되지 않는다. 최근에는 세월호를 인양하는 데 천문학적인 돈이 들어갈 것이라는 말이 공공연히 나오면서, 점잖게 앉아 있던 시민들까지 자기 가족들에게 돌아올 가상의 피해를 계산하게 되는 양상이 벌어지고 있다. 이것은 경제적으로 여유 있는 집의 아이들을 포함한 무차별 무상급식이 마치 저소득 가정의 아이들에게 돌아가야 할 혜택을 감소시킬 것이라는 막연한 불안과도 비슷하다. 만약 이러한 불만이 형평성이나 공정한 분배의 문제에서 야기된 것이라면 노인들의 지하철 무임승차에 대해서도 국민들이 불편함을 느껴야 마땅하지만 현실은 그렇지 않다. 어차피 운행되는 지하철에 노인이 무임승차하는 것은 자기 가족에게 해가 되는 일은 아니기 때문이다. 이와 같이 우리 주변에서 벌어지고 있는 현상에 대해 우리가 본능적으로 반응하는 임계점이 되는 기준은 역시 가정이라고 할 수 있다. 세월호 문제의 해결과정은 역설적이게도 가족주의와의 갈등이 되어버렸다.

계몽적 희생자들의 도전 2
─피해자를 가해자로 인식하는 문화

우리나라가 세계사에서 유례가 없이 500년간 지속되는 단일 왕조를 세 번이나 거쳐 올 수 있었던 것은 이와 같은 가족주의가 가진 독특한 힘 때문이기도 했다. 국가는 예외 없이 이를 잘 관리하고 통치할 수 있는 기술을 가지고 있었다. 다시 말해 통치 이데올로기와 가족주의는 절묘한 밀월관계를 유지할 수 있었던 것이다. 그 한 예가 바로 피해자를 비난하는 문화다.

임진왜란을 소재로 쓰인 조선시대 고전소설 〈임진록〉 연구로 알려진 역사학자 최문정은 "조선에 구원군을 보내준 명과 조선을 침략한 도요토미 정권이 모두 임진왜란의 여파로 망했음에도 피해 당사국인 조선 조정만은 명맥을 굳건히 유지해갈 수 있었던 것은 조선이 여성의 정조의식과 어버이에 대한 효의 논리를 지배 이데올로기로 삼았기 때문이라고 판단된다"*고 말했다. 부모에 대한 효, 남편에 대한 정조가 강조되면 자연히 왕에 대한 충성이 정당화되며, 부모, 남편, 왕은 변할 수 없는 상수常數로 존재하므로 그 가정과 국가에 발생한 모든 일은 오롯이 자식, 아내, 백성의 책임이 되는 것이다. 여기에서 피해자를 비난하는 문화가 자연스럽게 형성된다. 세계사를 봐도 절대왕권이 강할수록 소단위(지역, 문중, 가정)의 가부장 성격 또한 강해진다. 조선시대에 여성의 정조가 가장 강조된 것은 임진왜란과 병자호란 직후였고, 실제 전쟁 통에 실종되었다가 다시 돌아온 환향녀還鄕女들은 나라와 가정을 지키지 못한 왕조와 가부장의 무능력의 희생자들이었음에도 불구하고 비난의 대상이 되어 자살을 강요받았다. 이것은 왕조와 집권사대부의 통치 이데올로기와 가문/가정의 생존 문제가 결합되어 나타난 비극이었다. 반대로 왕조의 명령으로 가장 많은 열녀문이 세워지고 효부들이 칭송받았던 것도 이 시기였다. 왕조는 통치의 수단을 가족 내부의 이슈로 가지고 들어간 것이다.

이후 일제 강점기에 강제 동원된 위안부들, 한국전쟁 때 생겨난 55만 명의 전쟁미망인들, 1960-1980년대 산업화 시대에 음성적으로 장려되는 한편으로 손가락질 받았던 매매춘 산업 여성의 경우도 마찬가지다. 그들은 가문과 가정을 지키기 위해, 나머지 가

---

* 최문정, 《임진록 연구》, 박이정, 2001.

족의 안전을 위해, 외화를 벌어 국가발전에 이바지하기 위해 희생되었지만 결국 비난받으며 비참한 삶을 살았다. 이들에게 그나마 근대화가 이룬 성과는 인권이 노골적이지 않게, 교묘한 방법으로 수단화되고 탄압되고 있다는 정도라고 볼 수 있다. 정유진의 표현을 참고하자면 결국, '개인이 당한 폭력'은 '민족의 유린'으로 환원되어 공분을 일으키고 이것은 다시 가족의 불안과 피해자에 대한 거부감으로 드러나게 되며, 범죄의 피해조차 '고통'보다는 '수치'의 문제로 이해되어 피해자들은 그 사회에서 빨리 사라져야 하는 존재로 인식되는 것이다.* 결국 개별적 폭력은 민족이나 사회의 차원에서 추상화되어 사라지고, 타인의 고통 역시 우리 가족의 범주 바깥의 문제로 인식되어 추상화된다.

현재 세월호 문제는 결국 추상성과 상징성의 싸움이다. 이 추상성에는 피해자에 대한 비난과 멸시가 전제되어 있다. 이들 때문에 우리 사회가 불안하고 분열된다면 그들은 마땅히 시위를 그만두어야 하고 우리 눈에 띄지 않아야 한다는 정서가 꿈틀대고 있다. 정부 역시 조선시대의 위기극복 장치인 가부장적 절대권력화에 더욱 집중하고 있다. 어쩌면 우리 중 일부는, 세계인들이 어떤 공감대를 가지고 이 문제를 지켜보는가 하는 점보다는, 광화문에서 단식하고 삼보일배三步—拜로 몸이 부서져가는 이들의 모습을 은연중에 '수치'와 '불안'으로 여기고 있는지도 모른다.

---

* 정유진, "민족의 이름으로 순결해진 딸들?―주한미군범죄와 여성", 〈당대비평〉 2000년 여름호.

그러나 반대로 상징화의 노력도 끊임없이 이어지고 있다. 국민의 눈앞에서 배가 가라앉은 이후 연이은 도심의 촛불집회, 광화문 광장의 천막, 팽목항까지의 유가족들의 행진과 고행의 삼보일배, 쉬지 않고 이어지는 곳곳의 1인 시위와 서명운동, 각종 추모행사들, 사건을 재구성하는 각종 콘텐츠들, 그리고 국민들의 가방과 옷에 달린 노란 리본들은 '잊지 않겠다'는 의지의 상징들이다. 유가족을 중심으로 국민들은 이 사건을 '언어화'함으로써 그것을 '상징계'의 사건으로 만들었다. 대부분의 사건들은 이 정도의 물타기(연예인 스캔들을 포함한 각종 사건과 사고들, 그리고 정치권의 시간 끌기)면 사그라들거나 사라졌지만 세월호는 계속 우리 삶의 한구석을 차지하고 있다. 유가족은 충분히 진상이 규명될 때까지 흩어지지 않을 것이고 보상에 연연하지 않은 채 요구사항을 고수할 것이다. 계속 아이들을 추억하고 기념할 수 있는 기구나 정기적 행사를 만들 것이고, 그들의 꿈과 재능을 기념하는 상징물을 기획할 것이다.

'존재'로서는 사라진 아이들의 인생을 '존재자'로 환원하고 현실의 삶과 연계하는 방법은 바로 그와 같은 상징을 매개로 한, 시공을 초월한 실존적 만남일 것이다. 이것이 하나의 사건으로 세월호가 우리에게 남아 있음을 보여주는 근거다. 이와 같은 탈주체적이고 가부장적인 왜곡된 가족주의와, 피해자를 비난하는 문화 속에서 유가족들은 우리 사회의 오래된 저변인식을 등에 업은 통치권력과의 싸움을 이어오고 있는 것이다. 그러나 이 싸움은 통치자들의 생각과는 달리 쉽게 끝나지 않고 있다. 생각보다 그 변화는 무겁고 질기고 심각한 것일 수 있다.

계몽적 희생자들의 도전 3
—자본의 힘

계몽적 희생자들이 직면한 마지막 도전은 바로 이 시대의 제국성을 형성하는 '자본'의 힘이다. 자본이 물물경제의 잉여생산물의 저장수단(화폐)으로부터 시작되어, 원료와 기술의 부가가치를 창출하는 투입물로서 자본가에 의해 관리되는 단계를 지나, 자본 스스로가 가치를 창출해내는 '금융'의 단계로 진화하기까지 수백년에 걸친 역사를 서구에서 지나온 반면, 우리는 불과 몇십 년 만에 그 힘을 압축적으로 경험해왔다. 따라서 자본의 철학을 몸으로 체득하기 이전에 우리는 자본을 이전 세대에서는 가족의 생존수단으로, 현재는 풍요한 소비주의의 필요조건으로만 인식하게 되었다.

그 덕분에 개인소득 3만 불을 바라보는 오늘날에도 우리는 넘쳐나는 총체적 자본의 배분보다는 위기의식의 강화를 통한 무한경쟁의 방식을 선택함으로써 경제담론이 다른 모든 가치들을 그 하위에 두도록 허락하고 말았다. 경영인 출신 대통령을 압도적 지지로 선출했고, 문화·종교·교육의 모든 담론들이 '돈이 되는'

쪽으로 집중되도록 만들었다. 개인의 자유가 역사상 가장 커진 시기를 살고 있으면서도 결국 자본가가 원하는 유형의 인간이 되기 위해 끊임없이 자기계발 해야 하는 자발적 노예의 삶이 오늘날 우리의 운명이다. 결혼과 출산을 포기하는 현상은 경제적 이유로 가정의 형성을 포기하거나 불완전한 가정의 구조를 수용하겠다는 의지를 나타낸다. 그만큼 가정은 총체적으로 부담스러운 대상이다. 오랫동안 '남의 일'로 여겨졌던 비정규직 문제가 현재 우리 사회의 가장 뜨거운 이슈 중 하나로 부상하는 이유도, 이 문제가 바로 '당장 내 자식이 비정규직이 될 상황'이라는 가족의 위기로 인식되었기 때문이다. 오늘날의 가족주의는 결국 가족의 경제적 생존에 관한 문제로 환원되었다.

세월호 유가족들에게 경제적 보상 또는 시위 포기의 대가로 제시되었을 자본의 유혹 문제가 사소하지 않았을 것임은 쉽게 짐작할 수 있다. 그러나 유가족들의 선택은 일종의 초월성을 지니고 있음을 우리는 현재의 현상으로 유추할 수 있다. 그들의 행동이나 요구사항에는 더 많은 경제적 보상이나 실리적 혜택이 포함되어 있지 않다. 자신의 자녀들이 이미 사망했음에도 불구하고 정확한 원인규명을 통해 보다 진보된 사회적 안전망과 재발방지 대책을 확보하려고 하는 것은 사실 남아 있는 다른 국민을 위한 것이다. 처음에는 죽은 아이들의 한을 풀어보자는 가족주의 동기가 작용했을 수도 있지만, 그것은 점차 그 아이들의 죽음을 보다 의미 있게 하고 그들을 가장 숭고하게 기억하는 방식으로서 초월적 가치를 지향하는 성향을 띠게 되었다. 이럴 때에만 자본은 힘을 잃고 설 자리를 찾지 못한다. 이것은 우리 사회 속에 또 하나의 사회, 전혀 새로운 공동체가 형성되었음을 의미한다. 돈으로 문제를 빨리 해결해보고자 하는 이들의 계획은 이러한 새로운 공동체에서는 통하지 않는다. 성령의 공동체는 자본을 이기는 힘이 있다(행 2:44-45).

우리가 세월호 문제의 해결과정에서 하나님이 개입하시고 성령의 역사가 이어지는 것을 목격할 수 없다면, 광화문 천막과 시민들의 노란 리본 속에서 새로운 공동체가 형성되고 있음을 인지할 수 없다면, 그리고 그것이 바로 교회가 아니라는 법이 없음을 깨닫지 못한다면, 우리의 신앙은 여전히 교리와 제도에 갇혀 신음하는 한국 교회의 현실을 벗어나지 못할 것이다. '세월호 사건'과 '유가족 현상'은 바로 오늘 이곳에서 정형화된 삶을 살아가는 우리에게 하나님나라의 새로운 관점에 대한 중대한 도전을 던지고 있다. 우리가 자본의 힘을 초월해서 타인을 돌아보게 되고, 하나님의 위로 외에는 바라지 않게 된다면 이미 복음은 우리 안에서 실현되고 있는 것이다. "그러나 내가 하나님의 성령을 힘입어 귀신을 쫓아내는 것이면 하나님의 나라가 이미 너희에게 임하였느니라"(마 12:28).

마무리하며—숨어 있는 하나님

우리는 세월호 사건 이후 유가족을 중심으로 나타나고 있는 현상이 우리의 인식 밑바닥에 깔려 있는 왜곡된 가족주의, 피해자의 고통을 추상화하고 비난하는 문화, 그리고 도덕적 가치마저 함몰시키는 자본의 힘과의 힘겨운 싸움이 되어가는 과정을 살펴보았다. 기독교인인 한 유가족은 눈에 넣어도 아프지 않을 딸을 잃은 후 심한 정신적·육체적 고통에 시달렸으나, 결과적으로 신앙이 더욱 견고해졌다고 고백했다.* 이전과는 달리 신앙관을 분명히 정립해야 할 절박한 상황에 직면했기 때문이다. 늘 타인의 일로 추상적으로만 생각했던 일이 자신에게 벌어진 이후로는 도저히 머리로는 이 상황을 이해할 수 없었고 정리할 수도 없었기 때문이다. 그러나 여전히 남는 문제는 하나님이 어디에 계신가 하는 점이다. 단지 '하나님을 더 잘 알게 하기 위해서 고통을 주신다'는 말도 위로가 되지 않았다고 한다. 그것을 순수하게 믿고 따르기에는 현실이 너무나 불공평했다.

고통은 하나님을 알게 하는 수단이기보다는 서로를 돌아보게 하는 거의 유일한 방법이다. 때로 하나님에 대한 사랑은 극단적 체험과 추상성과의 긴장 속에 자리 잡는다. 그래서 사도 요한은 형제를 사랑하는 것이 하나님을 알고 그분을 사랑하는 유일한 길

---

* "하나님이 어디 계신지, 무엇 하시는지 알려달라", 〈뉴스앤조이〉 2015년 1월 14일자.

임을 강조한다(요일 2:10; 3:10, 14; 4:20, 21). 우리는 고통을 경험함으로써, 또는 그에 동참함으로써 비로소 새로운 세계에 눈을 뜨게 된다. 우리의 삶은 경험한 만큼 늘어나기 때문이다. 자신이 군복을 입어보면 거리에서 군복 입은 사람들이 눈에 보이고, 임신을 하게 되면 전에는 보이지 않던 임산부들이 비로소 눈에 띈다. 세월호 사건을 TV로 보는 사람과, 촛불집회에 참석하는 사람, 그리고 행진과 시위에 참여하는 사람, 꾸준히 1인 시위로 동참하는 사람, 팽목항에 정기적으로 가서 유가족을 위로하는 사람이 가지는 체험의 강도는 결코 같을 수 없다. 사람 역시 이 세계의 일부이며, 우리 내면의 영혼은 우주에 충만한 하나님의 신성을 닮았기 때문에 우리의 몸과 영혼은 하나님이 지으신 공간과 교감할 수밖에 없다. 다만 사람마다 교감의 차이가 있을 뿐이다. 그리고 그 차이는 사유와 체험에 의해 결정된다. 생각하지 않고 행동하지 않는 현실인식은 이 세계를 퇴보시킬 뿐이다. 그리고 그 사유와 체험을 억압하는 것이 바로 복음으로 상대화되지 못한 우리의 집단적 무의식인데, 세월호 사태를 통해 발견하게 되는 집단적 무의식의 표상은 바로 가족의 안녕이라는 목표하에서의 '타인 희생양 만들기'(피해자 비난), 그리고 자본을 숭배하는 기복주의다. 우리에게 사유와 체험이 반드시 필요한 이유는 그 억압기제들을 극복할 수 있는 길이 여기에 있기 때문이다.

성서는 하나님의 계시가 어떤 시대에 임했을 때 벌어진 사건과 그 결과를 보여주는 텍스트다. 그러나 그것이 오늘날 우리에게 전해지기까지 수많은 굴절과 편집을 통과하게 되는데, 그 자연스러운 현상을 보수적 신학자들은 하나님의 계시가 훼손되는 것으로 간주하여 성서의 무오성을 엉뚱한 방향으로 정의하기에 이른다. 하나님의 계시가 임했던 시기의 환경들, 성서가 기록되던 시기의 문화적 영향력, 저자의 의도, 편집자의 의도, 그리고 무엇보다도 그것이 전승되도록 하신 성령의 역사하심에 대한 몰이해가 오늘날 성서해석과 설교에 만연해 있다. 그 수많은 굴절을 이해하고 다시 역방향으로 해석해 들어가지 않으면 계시의 순수성은 드러나지 않으며, 하나님은 여전히 이해할 수 없는 분으로 텍스트 속에 깊숙이 숨어 있게 된다. 보편적 이성으로 도저히 이해가 되지 않는 것을 무조건 '하나님의 뜻'으로 해석하기보다는, 현재의 모순된 상황에 대한 하나님의 계시가 분명히 성서 어딘가에 숨겨져 있다고 믿고 그것을 찾는 것이 성령의 영감에 대한 올바른 접근이 아니겠는가. 따라서 신학자의 의무는 성서를 문자적으로 풀어서 가르치는 것이 아니라, 성서의 시대적 굴절과 현재의 모순적 상황을 교차시키고 교정함으로써 간극을 메우는 일이라고 할 수 있다.

신학은 어떤 대답이든 반드시 해야만 한다. 그러나 세월호 문제에 대해 우리가 들어온 주류 신학의 답변은 '모든 것이 하나님이 예정하신 뜻'이니 받아들여야 한다는 것 외에는 거의 없었다. 이런 결정론적인 헤겔식 절대주의 답변이 만들어낸 유럽의 20세기는 암울하기 그지없었음에도 불구하고 한국 교회는 여전히 다른 대안을 찾지 못한 채 세월호라는 딜레마에 봉착해 있다. 내 주변만 하더라도 이 문제로 제도권 교회를 떠나는 사람들이 종종 나타나고 있다. 그러나 이러한 학문적 작업보다 더욱 중요한 의무가 있는데 그것은 바로 현실의 하나님나라의 일에 동참하는 일이다. 그것은 교회의 프로그램을 수행하는 것이 아니라 오히려 '성령을 힘입어 귀신을 쫓는' 일이며, '형제를 통해 하나님을 보는' 것이다. 진정한 교회의 사명은 현장에서 드러난다.

계시의 굴절을 넘어 숨어 있는 하나님을 찾는 것은 오직 삶 속에서만 가능하다. 그리고 오늘 이 글을 통해서 재정의된 '삶'은 바로 가족주의와 희생양 제의에 볼모로 잡혀 있는 복음의 공공성을 회복하는 것이다. 적어도 한국인에게 공공성이란 거창한 아젠다가 아니라 바로 '나의 가정을 넘어 다른 가정을 돌아보는 것'이다. 유럽의 이케아IKEA 매장에서는 2년간 사용할 수 있는 회원신청서 작성용 연필이 우리나라에서는 52일 만에 동이 났다고 한다. 자기 자녀들에게 주려고 모두 가져가버린 것이다. 가족주의는 공공성을 훼손할 용기를 준다. 나에게는 최고의 아버지가 다른 사람에게는 공공성을 훼손하고 인권을 착취하는 고용주가 될 수도 있다. 공공성이 부족한 사회에서는 안전 시스템이 열악해지고, 생존을 위한 개인의 경쟁체제가 가속화되어 불안이 극대화된다. 공공성은 사회적 약자들이 숨 쉴 여유를 제공하며 집단적 광기가 한 템포 쉬어 갈 공간을 마련한다. 그러나 우리 사회에서는 그 공간들이 우리의 자녀들의 즐거움과 '성공적인' 미래를 위해 희생되고 있다. 그리고 그 피해가 결국 우리 자신에게 돌아온다는 것을 깨닫지 못하고 있다.

'개인'이 위협에 대응하는 기본단위가 아닌 우리나라에서, 이웃을 내 몸과 같이 사랑하라는 말씀은 곧 '내 가정이 소중한 만큼 다른 가정도 소중하다는 것을 인정해야 한다'는 말과 비슷한 의미다. 이 지점이 허물어져야 우리의 공공성은 첫걸음을 내디딜 수 있다. 지금 세월호 사태는 이 지점에서의 중대한 긴장점에 서 있다. 자기 가족에게 다가온 가상적인 위협을 느끼는 사람들의 짜증과 불만, 그리고 유가족의 아픔을 자기 문제로 인식하고 동참하는 사람들 간의 긴장이다. 우리나라에서 큰 뜻을 품고 타인을 감동시키고 설득해서 그 일에 동참시키는 인물이 희귀한 이유는, 우리가 품는 대부분의 비전이 '우리 집', '우리 교회', '우리 회사'를 넘어가지 못하기 때문이다.

세월호 사태를 어떻게 해결하는가가 바로 현 시점의 우리 사회의 수준을 보여주는 시금석이 될 것이다. 그리고 기독교인들과 교회가 이 과정에서 어떻게 기도하고 동참했는가가 앞으로 한국 교회의 미래를 그대로 반영할 것이다. 우리는 우리 시대에 이런 비극이 있었음을 '잊지 말아야' 한다. 나는 4·19나 5·18을 경험하지 못했지만 성인으로서 6·10과 4·16을 경험했다. 이것은 나에 대한 하나님의 부르심이자 인생의 굴절과도 같은 사건이다. 그 굴절은 역설적이게도 숨어 있는 하나님의 계시의 굴절을 거슬러가는 거룩한 체험이 되었다. 그리고 그 속에서 함께 고통을 당하시는 하나님을 목격하게 된다. 또한 감사하게도 우리 사회가 집단적 무의식의 그림자를 넘어 계몽적 희생자들을 탄생시키고 그들을 생존케 할 역량이 있음을 발견하게 된다. 이것은 한줄기 빛과도 같은 하나님의 은혜다.

역사를 변화시킨 수많은 사건들은 하루아침에 즉흥적으로 일어나지 않았다. 이미 내면에 응축된 힘이 꿈틀거리고 있었던 것이다. 사고와 죽음들은 우리에게 그것을 드러내는 일종의 정치학이 되었고 발화점이 되어왔다. 그러나 그것은 대부분 개별화되었기 때문에 쉽게 인지되지 못했다. 대부분의 대형사고는 그러한 사회적 의미를 구조화할 힘이 없었던 것이다. 그러나 세월호 사건은 그 사고를 둘러싼 모든 분야의 움직임이 즉시 정치적 의미를 지니게 되었고 그 중심에 계몽된 희생자들이 존재하고 있다. 이제 언어화·내재화가 시작되었고 그것은 우리에게 오랫동안 중요한 의미로 남게 될 것이다.

세월호 사건은 그 누구도 원하지 않았던 비극이지만 우리의 인생에서 타인의 고통을 돌아보게 만드는 하나님의 부르심으로 다가온다. 그 이상의 거대한 그분의 뜻은 우리로서는 상상할 수 없다. 현재의 명확한 부르심에 반응하는 것이 우리의 의무다. 그리고 그 부르심은 오직 즉시 행함으로써만 그 가치를 가지게 될 것이다(눅 9:59-62). 기도하고, 동참하고, 전파하고, 오래 기억하는 것, 그리고 하나님의 공의가 이 땅에 드러나게 하는 것이 그분의 부르심이다. 그리하여 우리가 비로소 가정이라는 맹목에서 벗어나 자신을 찾게 되는 것, 그리고 이웃의 고통을 돌아보게 되는 것이 세월호의 죽음을 가장 의미 있게 기억하는 길이 될 것이다. 그러면 우리 아이들의 눈과, 입과, 심장은 우리 사회 속에 새로운 공공성을 창출하면서 여전히 살아 있게 될 것이다.

최규창 | 포리토리아 대표, 한국기독학생회 이사. 서강대학교와 서울대학교 대학원에서 경영학을 전공했고, KT, KTF, MPC 등에서 일했다. 2012년 한국 사회와 교회를 강타한 나꼼수 현상을 분석해 《고통의 시대, 광기를 만나다》를 썼다.

글을 읽을 줄 모르는
목사들에게

천정근

바로 우리가, 이 시점에, 그 아이들이 아무런 죄도 없이 희생되었음에도 불구하고 그 억울함과 진실을 신원치 못하고 있다는 이 현실을 회개하지 않으면, 우리는 반드시 망하리란 것이 곧 예수의 말씀이다.

이 글은 2014년 4월 24일 〈뉴스앤조이〉에 실었던 글을 현시점으로 고쳐 쓴 것이다. 그때와 하나도 달라진 것이 없음을 탄식하며 많이 수정하지는 않았다.

1

성경의 말씀들을 도덕적인 관점으로만 해석하는 것을 'moralize', 즉 도덕화라고 한다. 도덕화는 대개의 설교에서 가장 힘이 세다. 도덕적인 설교를 반박하기는 어렵기 때문이다. 그래서 목사들이 가장 써먹기 좋은 것이 이 도덕화다. 요컨대 공부를 많이 하고 사색을 깊이 하지 않아도 가장 쉬우면서 가장 그럴 법한 효과를 내는 것이 도덕화된 설교다.

2

지난 세월호 침몰 사건을 겪으면서 교회들에서 가장 많이 써먹은 성경 구절이 있다면 누가복음에 나오는 다음 구절이었을 것이다. 어찌 그리 상상력들이 없는지, 판에 박힌 레퍼토리로 무슨 대형 재난사고가 날 때마다 지겹게 되풀이하는 설교이기도 하다. 그것도 너무나도 엉뚱한데 너무나도 뻔뻔해진 도덕화의 의상을 걸치고 있다. 무지의 위력이라니, 대개 세상을 어지럽히는 기만의 실상이 이렇게도 태연하고 뻔뻔하다.

그때 마침 두어 사람이 와서 빌라도가 어떤 갈릴리 사람들의 피를 그들의 제물에 섞은 일로 예수께 아뢰니 대답하여 이르시되 너희는 이 갈릴리 사람들이 이같이 해 받으므로 다른 모든 갈릴리 사람보다 죄가 더 있는 줄 아느냐. 너희에게 이르노니 아니라. 너희도 만일 회개하지 아니하면 다 이와 같이 망하리라. 또 실로암에서 망대가 무너져 치어 죽은 열여덟 사람이 예루살렘에 거한 다른 모든 사람보다 죄가 더 있는 줄 아느냐. 너희에게 이르노니 아니라. 너희도 만일 회개하지 아니하면 다 이와 같이 망하리라(눅 13:1-5).

깊이 생각할 필요 없이 이 두 가지 실례를 들어 예수가 말씀하시는 것은 '회개하지 않으면 너희도 다 이런 불의의 희생을 당할 수 있다, 당할 것이다'라는 것이다. 여기서 무식한 자들에게 가장 어필하는 단어가 '회개'이다. 얼마나 쉬운가? 그다음 이 말씀을 세월호 사건에 그대로 갖다 붙여보자. (실제로 그랬다!) '거기서 희생당한 학생들이 너희보다 죄가 많은 줄 아느냐? 아니다. 너희도 회개하지 않으면 이와 같이 망하리라.' 그러면 결론이 나온다. '그런 것 가지고 책임의 소재를 따지고 누군가를 비판하고 비난하고 큰 소리치면서 왈가왈부 떠들지 말고 조용히 골방에 들어가 너의 죄

부터 회개하라. 회개하지 않으면 너희도 그같이 망한다.'

3

필자도 명색 목사이지만, 목사들의 무식함이 이와 같다. 그들은 '글'이라는 것을 읽을 줄 모른다. 그것은 사실 신학적으로 '축자영감'이니 '문자주의'니 하는 말에도 미치지 못하는, 그저 '글을 읽을 줄 모르는 무식함'일 뿐이다. 글을 읽을 줄 모르는 마당에 삶이라고 주제에 부합할 수 있을까?

글에는 주제를 드러내는 뼈(핵심)도 있고 그 뼈대를 붙들어주는 근육과 살(표현, 비유)도 있다. 뼈로만 이루어진 글은 성립되기 어렵고, 근육과 살로만 이루어진 글은 의미가 없다. 그러니 글을 읽을 때 문장을 이루는 여러 요소들을 다 함께 읽음으로써 소위 '맥락'을 이해하게 된다. 그 맥락 속에 뼈도 있고 근육과 살도 있다. 이것을 간파하고 분별해내는 것이 독서의 내공이다. 즉, 문장의 문법을 이해함으로써 주제의 맥락을 짚어내는 것이다. 그러니 단순히 눈에 띄는 주제를 제멋대로 파악하는 것만으로는 독서라고 할 수 없다. 그 주제를 이루는 문장의 전후맥락을 이해할 줄 알아야 한다. 맥락을 이해할 때 주제를 오롯이 말할 수도 있고, 문체의 맛을 말할 수도 있고, 표현의 묘미를 말할 수도 있고, 그 전체적 사상과 맥락을 사회적 현실에 보다 진지하게 적용할 수도 있다. 달랑 눈에 띄는 단어 하나 가지고 문장을 해석했다고 하는 것은 너무나도 빈약한 이해이고 삭막한 해석이다. 또한 이와 같은 인식으로 그들은 세상을 빈약하고 삭막하게 만들어간다.

4

누가복음 13장 1-5절로 돌아가자. 첫 문장에 '그때'라는 말이 나온다. '그때'란 어느 때인가? 그 '어느 때'라는 시간에 이런 일이 있었다는 것은 '이런 일'이 바로 '그때'와 관련이 있다는 것이고, 관련이 있기 때문에 그때와 연결시켜 기록한 것이다. 그러면 그때가 어느 때인가? 그 이전으로 가봐야 한다.

예수의 하나님나라 선포를 위한 설교와 집회가 사회적 반향을 불러일으키면서 급기야 수만 명의 추종자들이 모여들게 되니까 권력자들, 특히 바리새파 사람들과의 마찰이 많이 일어났다. 예수의 말씀과 설교는 반反바리새파적인 특징이 제일 두드러졌다고 볼 수 있다. 바리새파란 율법주의, 형식주의, 명분주의, 도덕주의 같은 따위의 신앙 모습을 말한다. 그런데 그것은 대개는 가장 신뢰받고 존경받는 신앙의 모습이다. 쉽게 말하면 그들은 사회의 지도층 인사들, 지식인들, 선생들이었다. 스스로 올바르다고 믿으며 가장 존경받고 신뢰할 만한 신앙을 가졌다는 자존감 높은 일군의 계층들이 그 위상에 공격을 받게 되면 무엇보다 노여움이

클 것이다. 그래서 예수는 자신의 반바리새파적 입장에 대한 이유를 보다 분명히 밝혀야 할 필요가 생겼다. 왜 내가 바리새파 사람들을 제일 미워하느냐? 한마디로 줄이자면 예수가 바리새인들을 미워하는 이유는 그들의 착함과 도덕주의와 명분과 율법이 이 세계를 항상 똑같은 상태로 유지시키기 때문이었다.

세상은 끝없는 변화를 요구하고, 변화가 필요하다. 왜냐하면 '지금 이 상태'라는 것은 언제나 불만족스러운 상태이기 때문이다. 보다 정의롭고 평등하고 평화로운 완전한 사회를 향해서 가려면 지금 이 상태의 부족함에 대한 인식으로부터 부단한 변화가 일어나야 한다. '신적神的 요구'란 다른 어떤 데 있는 것이 아니라 현실의 온갖 불만족스러움을 통하여 그 현실의 변화를 요청하는 것이다. 그러나 그 신적 요구에 부응하려면 사회집단 내부에서 변화가 가장 시급하고 절실히 요청되는 가장 낮은 곳으로부터, 혹은 저 낮은 곳을 바라보는 '심령의 가난함'(마 5:3)이라는 입장이 사회의 토대로서의 공공감각을 이루어야 한다.

그러면 '누가 이 현실의 변화를 가장 강력히 그리고 간절히 바라는가? 누가 이 현실의 변화를 가장 강력하고 간절하게 반대하는가?'라는 것이 문제가 된다. 이 점에 있어서 바리새인들이 가장 복지부동인 채로 변화를 반대한다는 것이다. 또 달리 말하자면 반대한다기보다는 현실을 그대로 지탱하는 역할을 하고 있다. 곧 '지금까지 해온 그대로', '이대로 영원히'가 그들의 사상이다. 그것은 다른 말로 바꾸어 말한다면 '우리가 세상의 선생 노릇을 하고 있는 이 상태 그대로, 우리가 세상의 지도자 노릇하고 있는 이 상태 그대로, 우리가 세상의 기득권인 이 상태 그대로, 변화가 있다면 우리가 지시해주는 정도로, 지시해주는 방향으로, 허락해주는 한에서만'이다. 가령 개혁을 논한다 할지라도 개혁보다는 선생 노릇에 주안점이 있다는 것이다.

세상은 사실상 어느 시대나 급진적인 변화를 요구하고 있다. 땅 위의 불평등이 있고 억압이 있고 폭력이 지배하는 모든 곳에서, 억눌려 신음하며 이대로는 안 된다고 하는 모든 가난한 심령이 존재하는 곳에서 변화의 요청은 시급한 것이다. 그리고 그것들은 대개 근원적이다. 근원적이지 않으면 안 되는 요구로부터 현실적인 변화의 요청이 나온다. 이것이 신적 요청의 특징이다. 그러나 인간 집단들은 그 신적 요청을 다시 자신들의 입장과 권리와 권력과 소유에 맞는 적절한 것으로 가공한다. 교묘하게 왜곡시킨다. 그 역할을 누가 하느냐? 소위 사회의 선생들이 맡아서 해준다. 곧 가장 지성적이고 가장 점잖은 것 같으면서 사실은 가장 뻔뻔스럽게 잔인한 짓을 하는 셈이다. 지식인들이 허위와 기만을 버리고 이 시급한 변화를 요구하는 진실에 봉사할 때 사회는 변화되지만, 그들이 그저 말뿐인 사랑이니 평화니 공허한 말잔치나 일삼고 형식논리, 법리공방 따위 지식 자랑이나 하고 총회장이니 대표니 하는 명성이나 명예를 위해 가공된 신적 요구를 출세의 도구로 이용할 때 세상은 본질에서 이탈하여 정체되고 표류하게 된다.

예수는 이러한 점을 들어 바리새적인 인간들이 이 세상에서 가장 반反하나님적인 인간들이라고 선언해버린다. 적당히 점잖은 자들, 적당히 지성적인 척하는 자들, 적당히 사랑하는 척하는 자들, 적당히 봉사하는 척하는 자들, 적당히 겸손한 척하는 자들, 그러나 안에서는 자기 것을 유지하고 지키고 더 높아지려는 집단 이기주의적 욕망이 의식적으로 혹은 무의식적으로 똬리를 틀고 있는 자들이다. 화려한 옷을 입고 시장에서 문안받고 잔치 자리에서 상석에 앉고 싶어 하는 자들이 그들이다. 거대한 성전을 건축하고 수천억의 비자금을 조성하고 기득권 정치인들과 어울려 조찬기도회에 드나들며 기업으로 전락한 교회를 어리석은 자식들에게 세습하는 자들이다. 규모가 다를 뿐 전체가 다 이와 같은 시스템이다. 이들은 태생적으로 세상의 근본적인 변화를 원하지 않는다. 변화를 요구할지라도 그런 요구를 함으로써 권력자들과 높은 곳에 있는 자들과 사귀고, 궁극적으로는 자기도 거기에 올라가고 싶어 하는 자들일 뿐이다. 그런데 사실 세상에는 이런 자들이 가장 많은 법이다. 이들은 이미 일정한 소유를 획득한 자들이고, 획득한 자산을 유지하고 증대시켜나가길 바라는 자들이다. 따라서 이들은 근원적 변화, 급진적 개혁 같은 것을 싫어하고 두려워한다. 이들은 가장 늦게 변화되는 부류이고, 어쩔 수 없이 변화되는 부류들이다. 그래서 예수는 가장 통렬하게 이들을 비난한다.

화 있을진저 너희 바리새인이여. 너희가 박하와 운향과 모든 채소의 십일조는 드리되 공의와 하나님께 대한 사랑은 버리는도다. 그러나 이것도 행하고 저것도 버리지 말아야 할지니라. 화 있을진저 너희 바리새인이여. 너희가 회당의 높은 자리와 시장에서 문안받는 것을 기뻐하는도다. 화 있을진저 너희여. 너희는 평토장한 무덤 같아서 그 위를 밟는 사람이 알지 못하느니라(눅 11:42-44).

종교적 외형으로서의 십일조는 드려도 사회적 정의로움과 자비로움과 믿음은 없는 자들, 오로지 높은 자리, 명예, 명성을 사랑하는 자들, 겸손한 척하나 교만하고, 정직한 척하나 거짓으로 가득한 위선자들. '양의 옷을 입고' 대중 앞에 나서나 '속에는 노략질하는 이리'(마 7:15)인 거짓 선지자들. 하지만 진짜 문제는 그들은 언제 어느 시대나 권력과 밀착된 권위와 위엄을 내세워 세상의 변화를 요구하는 진짜 예언자들을 죽이는 자들이라는 점이다. 바로 여기서 그 예언자들은 이런 사회지도층으로서의 선생들과는 다른 부류로서 바로 그 시급한 변화를 부르짖는 벌거벗은 광야의 선생들이다.

화 있을진저 너희는 선지자들의 무덤을 만드는도다. 그들을 죽인 자도 너희 조상들이로다. 이와 같이 그들은 죽이고 너희는 무덤을 만드니 너희가 너희 조상의 행한 일에 증인이 되어 옳게 여기는도다(눅 11:47-48).

그렇지 않은가. 의로운 자들을 죽이는 자들은 악인들만이 아니다. 사실 악한 권력자들은 몇몇에 지나지 않지만 그 권력을 지탱해주는 자들은 스스로 의로운 척하는 대다수의 지식인들이다. 그들은 언제나 근원적이고 급진적인 요구를 점잖게 묵살하고 무마해주는 역할을 한다. 그런데 그것은 다른 측면에서 본다면 매우 비열하고 잔인한 짓이다. 왜냐하면 그런 방식으로 세상의 시급한 변화를 요청하는 예언자를 고립시키고 무시하고 죽게 하기 때문이다. 그런 방식으로 자기 시대의 예언자들이 정의를 외치다 죽어가는 것을 모르쇠 했던 자들이 또한 짐짓 진지한 얼굴을 하면서 옛날 버림받고 외면당하고 죽임당한 예언자들의 무덤을 꾸민다. 곧 당대에 함께 살았더라면 반드시 예언자를 죽이는 데 가담했을 자들이 단지 시대를 벗어나 태어났다는 이유 하나만으로 이번에는 정의의 편 대표가 된다. 그리고 그 기념사업들을 자기들의 독점적인 영역으로 삼아 그것으로써 여전히 사회의 선생 노릇을 하는 것이다.

5

문제는 이와 같이 그들이 이 현실의 권력을 지탱하고 있다는 점이다. 그들은 표면적으로 많이 배우고 유능하고 유익한 외관을 취하고 있기 때문에 그들에게 대항하는 것은 과격하고 급진적이고 모험적이고 극단적인 행위로 격하된다. 그들은 언제나 민중들로부터 예언자를 고립시킨다. 진실로 참을 추구하는 노력은 필시 계란으로 바위 치기가 될 공산이 크다. 바리새주의는 실체도 없고 일체화된 움직임도 없지만, 그러나 그들의 대오는 견고한 철옹성이다. 이 모든 지배력의 특징이 도덕화와 도덕주의의 외관을 가진다는 점이다.

예수는 자신의 추종자들에게 이 믿음의 길을 가려면 가장 먼저 그들의 현실적인 권력을 두려워 말라고 설교한다. 그들을 높게 보거나 존경스럽게 여기지 말라. 그것은 한 줌도 되지 못하는 이 세상의 권세일 뿐이다. 혹은 그들 자신들조차 자기들이 무엇을 위해 봉사하고 있는지도 모르는 구태의연과 무지의 산물이다. 그러므로 그들의 과장된 권위의 위세에 눌리지 말라. 그보다는 진정한 생명의 원천이신 신(하나님)을 두려워하라. 신을 두려워하게 되면 사람을 두려워하지 않게 된다. '사람을 두려워하지 않고 신을 두려워할 때만 세상을 변화시킬 수 있다'라고 가르친다.

내가 내 친구 너희에게 말하노니 몸을 죽이고 그 후에는 능히 더 못하는 자들을 두려워하지 말라. 마땅히 두려워할 자를 내가 너희에게 보이리니 곧 죽인 후에 또한 지옥에 던져 넣는 권세 있는 그를 두려워하라. 내가 참으로 너희에게 이르노니 그를 두려워하라. 참새 다섯 마리가 두 앗사리온에 팔리는 것이 아니냐. 그러나 하나님 앞에는 그 하나도 잊어버리시는 바 되지 아니하는도다. 너희에게는 심지어 머리털까지도 다 세신 바 되었나니 두려워하지 말라. 너희는 많은 참새보다 더 귀하니라(눅 12:4-7).

이러한 진실을 깨달은 불굴의 믿음을 마음에 갖추고, "내가 주께 대하여 귀로 듣기만 하였사오나 이제는 눈으로 주를 뵈옵나이다"(욥 42:5)와 같은 확신을 가지고, 두려움 없이 다가오는 하나님의 나라를 선포하며 나아가라. 그러면 누군가 권력을 가진 자들이 너희를 못살게 괴롭힐 수도 있을 것이다. 왜? "지혜는 그 행한 일로 인하여 옳다 함을 얻"(마 11:19)지만, 악인들의 하는 일은 그들의 본질을 보이는 법이니까 말이다.

사람이 너희를 회당이나 위정자나 권세 있는 자 앞에 끌고 가거든 어떻게 무엇으로 대답하며 무엇으로 말할까 염려하지 말라. 마땅히 할 말을 성령이 곧 그때에 너희에게 가르치시리라 하시니라 (눅 12:11-12).

내가 불을 땅에 던지러 왔노니 이 불이 이미 붙었으면 내가 무엇을 원하리요. 나는 받을 세례가 있으니 그것이 이루어지기까지 나의 답답함이 어떠하겠느냐(눅 12:49-50).

내가 세상에 화평을 주려고 온 줄로 아느냐. 내가 너희에게 이르노니 아니라 도리어 분쟁하게 하려 함이로라. 이후부터 한 집에

다섯 사람이 있어 분쟁하되 셋이 둘과, 둘이 셋과 하리니 아버지가 아들과, 아들이 아버지와, 어머니가 딸과, 딸이 어머니와, 시어머니가 며느리와, 며느리가 시어머니와 분쟁하리라 하시니라. 또 무리에게 이르시되 너희가 구름이 서쪽에서 이는 것을 보면 곧 말하기를 소나기가 오리라 하나니 과연 그러하고, 남풍이 부는 것을 보면 말하기를 심히 더우리라 하나니 과연 그러하니라. 외식하는 자여 너희가 천지의 기상은 분간할 줄 알면서 어찌 이 시대는 분간하지 못하느냐. 또 어찌하여 옳은 것을 스스로 판단하지 아니하느냐(눅 12:51-57).

예수의 출현은 세상의 현상 유지를 위한 것이 아니라 현 상태를 깨뜨리기 위한 분쟁의 불을 던지기 위해서이다. 그것은 마치 비와 바람을 부르는 기상의 전조와 같이 우리 시대에 현저하게 나타나고 있는 징조들 속에서 오리라고 예상되는 것들이다. 그것은 대개 파국을 경고하는 징조들이다. 이 상태로는 그대로 파국이다. 거기서 회개가 요구된다. 이 '천기의 징조'라는 것을 유념해두기 바란다. 가령 세월호 사건 같은 총체적이고 전대미문적인 사건이라면 우리 사회의 파국은 이미 목전에 닥친 것이라고 봐야 한다. 당연히 분쟁이 일어나야 한다. 예상치 못한 것이 아니다. 어떻든지 책임지지 않고 적당히 봉합하려는 자들도 있을 것이고, 거꾸로 역공세를 취하면서 역사를 거꾸로 돌리려는 자들도 나올 것이다. 그들이 원하는 것은 단 하나다. 모든 진실을 억눌러 깨어 있는 예언의 목소리들을 잠재우는 것. 이 징조가 무언가를 요청하고 있고, 그 요청을 알아듣고 그것에 민감한 사람이라면 그렇지 않은 자들과의 분쟁이 필연적으로 발생한다.

바로 그 분쟁을 통과해야만 변화가 온다. 그리스도는 그것을 요청하러 왔고, 그 불이 아직 활활 붙지 않았음을 답답하게 여긴다. 그런데 바리새파는 끝없이 그를 공격하고 그가 붙이려는 이 분쟁의 불을 꺼뜨리려 한다. 입으로는 같은 하나님을 믿는다고 하는 자들이면서, 스스로 권위를 즐기며 선생 노릇을 대단히 여기는 자들이면서, 사실은 하나님의 뜻을 이렇게 모른 채 외면하고 있다. 외면함으로써 적대하고 있다. '이때'란 바로 '이러한 때'이다.

6

두어 사람이 와서 빌라도가 어떤 갈릴리 사람들의 피를 그들의 제물에 섞은 일에 대해 말했다. "너희는 이 갈릴리 사람들이 이같이 해 받으므로 다른 모든 갈릴리 사람보다 죄가 더 있는 줄 아느냐?" 그들이 해 받았다는 것을 가지고, 너희 아직 해 받지 않은 자들보다 죄가 더 있다고 생각하느냐? 아니다. 죄가 있어서 해를 받은 게 아니다. 그럼 이 사건을 어떻게 받아들여야 하느냐? "너희에게 이르노니 아니라 너희도 만일 회개하지 아니하면 다 이와 같이 망하리라." 단순히 죄를 회개하라는 말이 아니다. 앞에서 분명히 죄 때문에 해를 받은 것이 아니라고 했기 때문에 여기서 죄를 회개하지 않으면 너희도 이같이 된다고 하면 결국 그들이 해받은 게 죄 때문인 것이 되고 만다. 그렇게 해석하면 예수의 말을 스스로 모순되게 만드는 것이다.

여기서 중요하게 해석해야 할 부분이 '회개하지 아니하면'이다. 여기서 말하는 '회개하지 않으면'이란 지금까지 예수께서 이야기해온 '이 세상의 근원적인 변화를 요청하고 있는 이 급진적이고 시급한 신적 요구를 이해하지 못하고 여전히 바리새적인 관념에 머물러 있다면'이다. 더 쉽게 말하면 이 세상을 변화시킬 분명한 말과 행동이 없이 교묘한 말, 해도 그만 안 해도 그만인 말, 역행의 말로만 떠들고 있을 뿐이라면, '그다음은 너의 차례가 될 수도 있다', '반드시 그렇게 될 것이다'라는 말이다. 그다음.

"또 실로암에서 망대가 무너져 치어 죽은 열여덟 사람이 예루살렘에 거한 다른 모든 사람보다 죄가 더 있는 줄 아느냐. 너희에게 이르노니 아니라. 너희도 만일 회개하지 아니하면 다 이와 같이 망하리라"도 같은 말이다. 그들이 너희보다 죄가 더 있어서 깔려 죽은 줄 아느냐? 여기 나오는 실로암 망대가 무너진 이유는 분명하지 않지만 모든 재난이 그렇듯이 단순 천재지변이라기보다는 무언가 억울한 죽음, 희생 같은 일이다. 아니다, 너희도 그렇게 될 수 있다. 아니, 반드시 그렇게 된다. 어떻게 하면? 회개하지 아니하면. 어떤 회개? 지금까지 이야기해온 신적 부르심의 급진적인 변화 요청에 사회가 전체적으로 응답하는 방식의 변화가 없다면. 지금 이대로의 세상을 이대로 유지시켜나가는 것이 너희들의 신념이고 신앙이고 욕망일 뿐이라면. 아마겟돈과 같은 파국은 당연한 결과가 아닌가.

그러므로 결론은 '회개하고 가만히 앉아서 기도나 하라'는 식이 될 수 없다. 오히려 정반대다. '너희는 그들이 희생당한 것 같이 너희도 희생되는 구조構造를 되풀이하지 않으려면 행동해야 한다. 바꾸어야 한다. 변화해야 한다. 가만히 있어서는 안 된다'가 될 것이다. 연이어 나오는 말씀이 그것을 보충해준다.

> 이에 비유로 말씀하시되 한 사람이 포도원에 무화과나무를 심은 것이 있더니 와서 그 열매를 구하였으나 얻지 못한지라. 포도원지기에게 이르되 내가 삼 년을 와서 이 무화과나무에서 열매를 구하되 얻지 못하니 찍어버리라. 어찌 땅만 버리게 하겠느냐. 대답하여 이르되 주인이여 금년에도 그대로 두소서. 내가 두루 파고 거름을 주리니 이후에 만일 열매가 열면 좋거니와 그렇지 않으면 찍어버리소서 하였다 하시니라(눅 13:6-9).

포도밭에 무화과나무를 심었다. 그냥 폼으로 심은 게 아니다. 열매를 원했다. 그러나 3년 동안 열매가 없다. "어찌 땅만 버리게 하겠느냐. 찍어버려라." 그러자 포도원지기가 "금년까지만 봐주십시오. 내가 두루 파고 거름을 주겠습니다. 이후에 만일 열매가 열면 다행이지만 그렇지 않다면 그때 찍어버리십시오"라고 했다는 것이다. 곧, 지금 세상은 파국이 유예된 상태, 심판이 유예된 상태라는 것이다. 그 유예된 기간에 우리는 어떻게 할 것인가? 가만히 앉아서 기도나 하라? 왈가왈부하지 말고, 경거망동하지 말고, 혼란도 일으키지 말고, 그저 순종하면서 시키면 시키는 대로, 이끌면 이끄는 대로 따라가라고? 그러면 그다음 차례는 바로 너희가 될 것이다. 이것이 이 땅에서 천안함과 세월호와 같은 비극이 끝나지 않는 이유이고, 제주 강정과 고리·월성 원자력 발전소의 위협이 끝나지 않는 이유다. 도대체 얼마나 더 큰 재난을 당해야 우리들은 마땅히 요구됐던 회개가 어떤 것이었는지를 깨달을 수 있을 것인가?

7

'회개'라는 단어 하나를 즉물적으로 해석하는 무지가 대개 이와 같이 정반대의 해석을 낳는다. 그리고 세월호 참사 같은 인재에 의한 희생을 아무렇지도 않게 용인해버린다. 생각해보라. 지난 1년 동안 어떤 일들을 겪었던가. 무엇이 고쳐지고 무엇이 개선됐던가? 우리가 본 것은 우리들 자신의 절망과 이 나라 지배자들의 잔인함과 무능함과 뻔뻔스러움이었다. 침묵하고 회개하라던 교회의 지도자들에게 묻고 싶다. 그대들의 회개로써 이 나라와 사회에 어떤 변화의 영향력을 끼쳤는가? 대중들이 반 푼어치나 교회의 메시지를 듣고 하나님께로 나왔다던가? 우리가 보고 들은 것은 교계의 지도자라는 자들의 성명과 조찬기도회와 상부상조하는 부패의 커넥션이다. 그토록 참혹한 죄악의 실상과 총체적 부패와 무능의 잔혹함을 겪고도, 이 정권과 정부와 책임 있는 자들에게 책임 하나 묻지 않으며, 각자 회개하면서 가만히 있으라는 설교가 도대체 가당키나 했던 것인가? 이 모든 것이 나의 죄라고 고백하는 것은 또 다른 차원의 일이다. 아니 오히려 이 모든 것이 나의 죄이기 때문에, 그 죄를 엄히 묻고 처벌해야 하는 것이다.

이 시점에 다시 묻는다. 회개하지 않으면 너희도 이와 같이 된다니, 수학여행을 가려 세월호에 올랐던 그 아이들이 죄가 있어서 죽었다는 말인가? 회개를 안 해서 그렇다는 것인가? 분명히 말한다. 그들은 아무런 죄가 없이 희생되었다. 그것이 바로 여전한 우리의 죄인 것이다. 바로 우리가, 이 시점에, 그 아이들이 아무런 죄도 없이 희생되었음에도 불구하고 그 억울함과 진실을 신원치 못하고 있다는 이 현실을 회개하지 않으면, 우리는 반드시 망하리란 것이 곧 예수의 말씀이다. 덧붙여 말하고 싶다. 부디 무식한 목사들에게서 하루 속히 떠나라. 그리스도의 의로우신 나라를 열망하기에 그의 희생을 헛되이 하려는 자들을 미워하는 의분으로 여전히 마음을 가다듬지 못하고 쓴다. 부디 헤아려 결단해 주시기를. 그것만이 가장 시급한 회개가 아닐까.

천정근 | 자유인교회 목사. 모스크바 국립대학과 동 대학원에서 19세기 러시아 문학을 전공했고, 합동신학대학원대학교에서 목회학석사 학위를 받았다. 논문으로 〈1880-90년대 똘스또이 중편에 나타난 종교 윤리적 관점〉 등이 있으며, 산문집 《연민이 없다는 것》을 썼다.

세월호의 고통과 하나님나라

-희생자를 위한 격문

김회권

신학적 견지에서 보면 세월호 사태는 한 정부가 덮어 가리고 갈 수 없는 우주적 공평과 정의 사건을 하나님이 과연 어떻게 다스리시는가를 보여주는 시금석이 될 것이다. 세월호의 고통은 하나님 법정에 이첩된 항소문인 셈이다.

───────

이 글은 〈복음과 상황〉 2014년 6월호에 기고한 글 "함께 우는 일로는, 부족하다"를 보완한 것이다.

300여 명의 남은 승객과 함께 세월호가 수장당한 지 1년밖에 되지 않았는데, 이 참혹한 사고는 벌써 정치인들과 시민들의 관심권에서 사라진 듯 보인다. 누더기가 되어버린 세월호 특별법이 통과되었으나 아직 세월호 선체 인양도 이뤄지지 못하고 있어, 가족을 깊은 바다에 묻은 유가족에게 하루하루는 너무나 가혹할 정도로 무거운 짐이다. 대한민국의 일원으로 살아간다는 것은 이 어처구니없는 인간 모멸을 감내하는 일이 되고 있다. 지금 이 시점에서 세월호 사태의 가장 근본적인 문제는 사고 원인을 정확히 밝히는 것이며, 더 근원적으로, 구조활동을 펼칠 시간에 왜 해경은 언딘이라는 민간구조업체 외의 모든 다른 구조활동 참여자들을 물리쳤는가 하는 문제를 규명하는 것이다. 더 나아가 국가기관이 과연 이 배의 실제 소유주인지, 대통령은 7시간 동안 어디서 무엇을 했는가도 아울러 밝힘으로써 국가기관이 공적 책임을 갖고 구조활동에 참여한 행적을 분초별로 기록해 국민을 납득시키는 일도 중요하다.

이 글은 작년 4월 16일 수요일 오전에 사고로 시작되었다가 공권력에 의한 부작위적 양민 '수장사건'으로 끝난 세월호 참사 희생자들을 위한 사죄문이자, 나 자신을 비롯하여 대한민국 동포들의 마음에 호소하는 격문이며, 세월호 침몰로 유명을 달리한 탑승객 304명에게 아직도 탈출명령 대신에 "선실에 가만히 대기하고 있으라"는 명령만 내리는 공권력의 악행과 무능을 격쟁하는 격문이다.

갑오참변, 세월호 수장사변 진상규명의 긴급성

2014년 4월의 세월호 사건은 너무나 많은 쟁점들을 동시다발적으로 쏟아내고 있다. 열악한 연안해운 형편, 선박안전 관리 검사기관들의 무책임, 돈과 뇌물, 이권으로 얽혀 있는 해운회사, 한국선급, 해운노조, 해상구난 민간기업의 칡덩굴 공생구조, 국가와 정부조직의 비능률과 무감동적 관료주의, 그리고 민간 잠수사로 대표되는 민간 자율적 구조능력을 사고수습의 조타수로 삼을 수밖에 없는 현실 등 우리 사회의 병리적 작동구조를 여실하게 폭로해주고 있다. 그러나 우리는 여기서 분노와 슬픔을 잠시 누르고 세월호 참변의 주요 경과를 하나하나 짚어가면서 세월호 사건의 시사적 맥락을 복기해볼 필요가 있다.

세월호 사건이 일어나기 전 우리나라의 민주주의는 이미 죽음의 심해 아래 가라앉고 있었다. 국정원의 탈북민 유우성 간첩조작 사건, 무인정찰기 파동 등을 전후하여 벌어진 정부 당국자들의 헌법적 가치 유린 사태는 심각한 수준이었다. 중국 영사관을 상대로 벌인 공문서 위조와 증거조작 사건은 대한민국의 민주공화국적 가치, 법치주의 가치를 송두리째 파괴하는 헌법파괴 책동이었다. 자유대한에 귀순한 새터민에게 간첩혐의를 덧씌워 2만명이 넘는 북한이탈 이주민들의 충성심을 빼앗아버리는 반국가적 권력남용이었다. 인권유린과 증거조작 등은 자유대한민국의 존엄한 위상을 재기불능으로 파괴하는 헌법유린적 범죄요 악행이었다. 유우성 간첩조작 사건의 배후 책임자로 간주되는 국정원장 남재준은 그 죄와 허물에 비추어볼 때 사죄와 신속한 사퇴가 마땅한데도 유신군부독재적 발상에 머무는 듯한 청와대의 의중 아래 그 자리를 유지하고 있다가 한참 뒤에야 해임되었다. 이런 일련의 사태로, 국정원은 자유대한의 가치를 수호한다고 주장하면서 실상은 자유대한의 존엄과 품격을 파괴했다. 국정원장의 사퇴 대신에 국정원 차장 해임으로 이 헌법유린 사태를 호도하려는 바로 그 시점에 세월호 사건이 벌어졌다. 인간의 존엄을 옹호하고 사유재산을 통한 개인적 주권과 자유실현을 극대화시켜준다고 자랑하는 자유대한민국의 가치를 파괴한 정부 당국자들을 누가 징벌하고 징계할 것인가? 이런 절규와 탄식이 하늘로 치솟을 때, 세월호 사건이 일어났다.

세월호 사변事變은 아직도 '진상규명' 중이며, 정부와 검찰, 거짓을 창조하고 퍼 나르는, 온라인상에서 자유대한의 존엄을 훼손하려는 자들은 세월호 사건의 본질을 흐리려는 여론 호도용 정보를 양산했고 국민을 심각하게 분열시켰다. 정직과 진실을 거부하려는 자들이 세월호 참변이 특정 이단종교 집단의 악행, 청해진해운과 공기관들의 유착, 해경의 초기대응 미숙, 선장과 승무원의 인륜 배반적 이기심 등이 연동해서 일어난 것처럼 믿게 하려 했지만 5천만 겨레의 눈이 목격한 사건의 진실은 쉽게 은폐할 수 없을 것이다. 정부와 해경당국의 구조 방기, 구조활동 미집행 등 사고를 충격적인 참변으로 악화시킨 2014년 4월 16일 오전 11시 30분 이후 사태를 해명하는 것이 바로 진상규명의 우선 과업이다. 4월 16일 오전 사고 초기보다는 그 이후 약 3시간에 걸쳐 이루어진 구조미집행 사태 자체가 진상규명의 우선 대상이다. 이 진상을 누군가가 가리려고 한다면 그것은 손바닥으로 해를 가리는 격이 될 것이다. 국법을 준수하고 헌법적 가치를 옹호하며 국민의 생명과 재산을 지키는 신성한 사명과 막강한 권한을 부여받은 대통령과 그의 참모 동아리 청와대는 세월호 사태의 무거운 책임을 벗기가 어렵게 되었다. 그것이 4·16 세월호 사태의 비극적 면모요, 우리 자유대한민국 가치에 대한 중대한 손상행위였다. 국민의 생명과 재산을 지켜야 할 정부가 약 3시간 동안 작동 정지한 사태가 바로 세월호 사태의 비극적 측면인 것이다.

이제까지 수집된 공중파 방송과 주요 신문들의 보도 기사, 그리고 정부 당국자들의 발표 등을 고려해보면 사건의 큰 골격을 정리하는 데는 어려움이 없다. 청해진해운 소속 세월호가 진도 앞 맹골수도에서 침몰했다. 그 침몰사고가 나기까지의 모든 원인과 그 원인들을 사고로 낙착시킨 청해진해운, 규제감시 기관, 안전 점검 기관, 해경 등의 관계 안에 누적된 부패와 타락, 불의와 불법 관행의 실체는 어느 정도 드러났다. 이미 폐선되었어야 할 고물배를 싼값에 들여와 개조하고 평형수를 4분의 1만 채우고 최대 적재량의 세 배나 실은 배에 운항허가를 해준 공무원과, 기름을 아끼려고 평소 항로와 달리 지름길 급류항로로 배를 모는 모험을 감행한 해운회사와 선장이 초기 사고의 주범으로 드러나고 있다.

그런데 오전 8시 50분경부터 약 3시간, 선체가 기울어진 채 떠 있는 동안에 아무런 구조활동을 집행하지 않은 정부기관과 그 최고 책임자 대통령의 통솔책임 방기는 전 국민적 수사와 조사가 이뤄져야 할 초대형 범죄행위로 보인다. 이처럼 갑오참변甲午慘變 세월호 수장사건의 본질은 국민의 생명과 재산을 보호하려고 구성된 정부와 대통령의 막강 권한이 보여준 무책임과 무능력이다. 사고발생 시점(사고발생 인지시점) 8시 45분부터 완전 침수가 이뤄지는 11시 15분까지 2시간 30분 동안, 온 겨레가 숨죽이며 구조를 기다리며 발을 동동 구르던 바로 그 시각에 국민의 생명과 재산을 지키도록 부름받은 대통령과 그 휘하의 관료들은 도대체 무엇을 하고 있었는가? 이것이 핵심이다.

김장수 국가안보실장은 청와대는 국가재난 컨트롤타워가 아니라고 강변하며 안행부에 책임을 전가하고, 안행부는 해수부에, 해수부는 해경에 책임을 전가하고 있다. 심지어 해군특수부대조차 해난구조활동은 일차적으로 해경 관할이라는 규정 때문에 즉각 구조활동에 참여하지 못했다. 그렇게 배가 조금씩 가라앉는 사이에 아이들은 카카오톡과 전화 등으로 "구조 좀! 살려달라" 아우성쳤다. 분초를 다투는 그 절박한 시각에 "밖으로 나오지 말고 선실에 대기하고 있으라. 가만히 있으라"는 선장의 영혼 없는 명령을 대체할 만한 탈출명령이 끝내 내려지지 않았다. 지금까지도 공식적으로는 구조명령이 내려지지 않고 있다. 국가를 믿고서 도와달라고 소리치는 단원고 청소년들과 탑승객 동포의 아우성을 대통령과 국가는 못 들은 척하고 끝내 수장 학살하고 말았다. 사고가 발생한 지 거의 1년이 지난 이 시점에도 몇 구의 미수습 시신들이 깊은 바닷길 어딘가를 배회하고 있다.

우리는 세월호 수장 학살 사건이 한국 교회의 이단적 일탈과도 깊이 관련되어 있으며, 결국 한국 기독교의 타락에 대한 하나님의 간접경고임을 깨닫는다. 돈 숭배와 뇌물, 불법과 불의의 일상화 등은 자국민의 생명을 스스로 보호하지 못하는 정부의 총체적 무능을 초래했고, 세월호 사건은 아래로부터의 민중 참살이 wellbeing 아우성을 청일 양국의 군대를 불러들여 분쇄해버린 고종 치하 조선 왕실의 무능과 부패를 상기시킨다. 그래서 세월호 사태는 '갑오참변'이라고 부를 만한 국가적 애통사태요, 국민과 정부를 분열시키는 참변이다. 이런 상황에서 우리는 작년 이때즈음 박승춘 보훈처장이나 정몽준 전 의원의 막내아들이 주장했듯이, 마냥 대통령과 정부 당국자만 질타하고 비난해서는 안 될지도 모른다. 어쩌면 대통령, 청와대, 정부, 심지어 해경마저도 억울하다고 항변할 수 있다. 박 대통령이 세월호 타고 제주도 가라고 명령했나? 누가 위험한 고물배 타라고 유도한 적이 있나? 왜 민간부문의 사고와 재난을 두고 국가와 정부 당국자를 비난하는 노예근성을 노출하느냐고 항변할 수도 있다. 청와대 참모나 심지어 대통령 자신도 국가적 재난이 일어날 때마다 대통령이나 정부에 모든 탓을 돌리는 미개 국민성을 비판하고 싶은 마음이 없지 않을 것이다.

그러나 세월호 갑오참변은 9·11 테러나 쓰촨 성 지진과 같은 천재지변이 아니다. 중국 총리 원자바오는 쓰촨 성 지진 피해 복구현장에 가서 울음을 멈추지 못하고 인민의 아픔을 공감해 감동 총리가 되었다. 심지어 부시 대통령마저 헬멧을 쓰고 9·11 사태의 현장인 그라운드 제로 지역에 가서 먼지를 뒤집어쓰는 어릿광대짓을 하고도 지지율이 올랐다. 그러나 박 대통령의 동선은 전혀 다른 반응을 불러일으켰다. 그녀가 진도에 내려갔다 올수록 지지도가 떨어졌고 진정성 없는 발걸음이었다는 비난이 일었다.

실로 작년 세월호 사태에서 박근혜 정부는 온 겨레를 감동시킬 절호의 기회를 놓쳤다. 국민 안전을 최우선 과제로 삼는다고 '행정안전부'를 '안전행정부'로 바꾸기까지 한 모든 노력이, 안타깝게도 무위로 돌아가는 것처럼 보인다. 박 대통령이 잠수복을 입고서라도 바다에 뛰어들어 단원고의 아이들을 살려내겠다는 진정성을 보였더라면 우리 겨레는 힐링을 경험했을 것이다. 이 무심하고 참혹한 사고를 당하고도 온 겨레는 하나가 되었을 것이다. 그러나 정부와 여당, 관료와 관련기관에서도 상처 입은 민심을 위무할 어떤 중보자도 나타나지 않았다. 급기야 겨레 전체가 304명의 이웃이 산 채로 수장되는 과정을 절망적인 무력함 속에서 지켜보고 말았다.

그래서 희생자, 유가족, 그리고 TV로 304명의 탑승자가 산 채로 수장되어가는 과정을 지켜본 이 땅의 겨레와 온 세계 만민은 한국 정부의 정의롭고 성역 없는 진상조사와 진실규명을 열망한다. 책임자 징벌과 문책 의지를 강조하기보다는 세월호 참변을 일시별·분초별로 재구성하고, 매 시각마다 취해진 정부 당국의 조치와 그것의 적절성, 생명 구조 의지 여부를 속 시원하게 밝혀줄 것을 기대한다. 생존자와 희생자들이 남긴 모든 동영상, 카카오톡 메시지, 해경의 지워진 보고기록 등을 복원해서 진상규명을 완수해주길 촉구한다.

이처럼 세월호 초기 사고와 그 이후 벌어진 수장 학살 참변의 전후 과정을 소상하게 밝혀 희생자와 유가족에게 정의한국, 정직한국, 법치대한민국의 존엄을 재활·복구시켜줄 것을 요청한다. 단지 검찰과 합수부에게 이 일을 맡겨서는 안 된다. 우리 겨레의 양심이 임명한 민관합동 국민특별검사팀이 꾸려져 이 갑오참변의 진상을 규명해줄 것을 강력하게 호소한다. 미필적 고의이건 아니건 간에 갑오참변의 사태를 촉발시켰다는 혐의를 받고 있는 해경이 합수부를 이끌고 있는 이 사태, 데자뷔가 아닌가? 국정원이 범죄 혐의를 받고 있는데 국정원이 수사 주체가 되고 있던 사태의 재현이 아닌가? 국민 참여, 국민 주도 합수부가 가동되어야 하는 이유가 여기에 있다.

이런 국민적 여망이 하늘로 치솟았음에도 불구하고 세월호 사태 이후 치러진 6·4 지방선거, 그리고 한두 차례의 보궐선거에서 여당이 압승하자 세월호는 진정으로 수장되었다. 민주주의의 햇빛이 더 이상 비치지 않는 깊은 심해로 가라앉았다. 그러나 관건은 대한민국의 민심도, 선거판 여론도 아니다. 하나님의 정의와 살아 계심이 걸린 문제다. 신학적 견지에서 보면 세월호 사태는 한 정부가 덮어 가리고 갈 수 없는 우주적 공평과 정의 사건을 하나님이 과연 어떻게 다스리시는가를 보여주는 시금석이 될 것이다. 세월호의 고통은 하나님 법정에 이첩된 항소문인 셈이다.

슬픔과 통곡의 맹골수도는
분노와 탄식의 맹골수도로 연결되다

지난해 4월 16일 이후 거의 몇 달 동안 우리 겨레는 상가의 조문객 같은 우울증에서 헤어 나오지 못했다. 아무리 울지 않으려 해도, 신문기사를 골똘히 읽고 사건의 정황을 분초 단위로 재구성해보면 눈물이 멈추지 않았다. 이 눈물은 대한민국을 믿고 있다가 배신당해 산 채로 수장당한 우리 이웃의 억울한 희생을 슬퍼하는 눈물이었다. 그중에서 특히 가장 많은 희생자를 낸 안산 단원고 2학년 학생들의 때 이른 죽음을 슬퍼하는 눈물이요, 아들딸을 잃은 부모들의 억장 무너지는 호곡에 공명하는 오열이었다. 세월호 사고와 뒤이은 공권력에 의한 수장 학살 사건을 멀리서 지켜보고 눈물 쏟는 모든 겨레와 이웃의 마음에는 이미 슬픔의 맹골수도가 깊게 파였다. 구명조끼를 서로 묶어주며 생의 마지막 순간을 깊은 바다에서 대면한 우리 아이들, 서로 손을 꼭 잡고 나란히 누워 있는 친구들, 위층을 향해 탈출하려는 듯이 위를 쳐다보다 생을 마감한 우리 아이들, 마치 마법에 걸린 고성古城에서 본 듯한 정지된 동작으로 생을 마감한 우리 아이들, 신원도 다 밝혀지지 않은 채 시신으로 떠오른 일반승객 희생자들… 그들은 불의하고 타락하고 무책임한 대한민국이라는 세월호에 탑승했다는 이유로, 자유대한민국의 공교육의 결과 유순하게 자란 지극히 순응적인 모범생이라는 죄 때문에 이렇게 아름다운 봄에 그 생을 허망하게 마감하고 말았다.

앞서 살펴보았듯이 세월호 희생자들과 유가족을 향한 이 슬픔과 통곡의 맹골수도가 분노와 아우성의 맹골수도로 바뀌는 데는 긴 시간이 걸리지 않았다. 세월호 사고의 초기단계에는 사고 초기부터 배를 버리고 탈출해버린 15명의 선박직 승무원들을 향한 분노의 맹골수도가 우리 겨레의 가슴을 관통했다. 15명의 선박직 선원들은 배의 제원에 대하여 누구보다도 정통한 사람들이었다. 그들은 비상시 탈출경로를 알고 있었으며 선실에 갇힌 사람들을 구할 수 있는 지식과 기술을 갖춘 사람들이었다. 그러나 그들은 인류의 기초적인 기대도 저버리고 무자비하게, 신속하게 탈출했다. 무전기로 서로 정보를 교환하며 헬리콥터를 타고 유유히 사라졌다. 선박직 승무원을 태우고 사라져버린 그 헬리콥터와 구명정은 누구의 지시를 받고 그런 엄청나고 불의한 구조활동을 폈을까? 해경인가? 아니면 더 높은 기관의 명령으로 조기에 선장과 선원 15명을 구출해 모처로 데려가버림으로써 선장 떠난 배가 서서히 가라앉게 했을까?

이 지점에서 일본 네티즌들과 세계 모든 언론은 대한민국의 국가품격을 조롱하고 비판하기 시작한다. 해난사고의 우발성에 비추어볼 때 아무리 잘 건조된 여객선도 침몰할 수는 있다. 그러나 그 사고를 수습하는 과정에서 나라의 품격, 국민 평균도덕성의 수준은 만천하에 드러나는 법이다. 사고 초기에는 선장과 선원들의 무책임에 충격을 받은 겨레가 세월호가 완전 침몰하고 나서부터는 대통령과 정부의 무책임, 무감각, 무공감, 무능력에 경악하고 말았다. 사고 보고 직후에 달려온 어선들과 유조선을 확보하고도 즉시 구조활동을 전개하지 못한 해경, 안행부, 청와대 고위공직자들의 무감각과 무능력, 무관심과 무성의를 향한 분노와 탄식의 맹골수도가 생겨나기 시작했다. 배가 침몰하니 도와달라고 119에 전화를 건 학생에게 담당자는 위도와 경도를 다그치듯이 반복해 묻는다. 과연 그가 우리 겨레의 일원인가?

9시 30분, 해경이 늑장 도착한 그 시각에도 배는 여전히 떠 있었고 304명을 다 살릴 수 있었을 만큼 시간은 넉넉했다. 갑판으로 나오라고, 구명조끼를 입고 바다에 뛰어들라고 명령만 내리면 되는 상황에서 해경은 "배의 퇴선, 탈출명령은 선장의 고유권한"이라면서 끝내 구조탈출 명령을 내리지 않았다. 이 점이 바로 우리를 깊은 절망의 바닷속으로 처넣는다. 구조를 독려하러 현장에 간 대통령마저 속이면서까지 구조 책임을 성실하게 수행하지 못한 해경은 처음부터 끝까지 납득할 수 없는 행동을 일삼았다. "500명의 잠수사를 투입했다. 헬기는 121대를 투입했다. 69척의 배를 투입했다!" 언론이 통제된 상황에서 이러한 거짓 보고가 공중파를 탈 즈음에 유족들은 거칠게 항의했다. 민간 잠수사들은 언론 통제와 조작에 혀를 내두르기 시작했다. 이런 거짓 언론이 활개 치던 바로 그 현장에는 헬기 2대, 군함 2척, 경비정 2척, 특수부대보트 6대, 민간 구조대원 8명이 나와 있었다. 언딘이라는 해상구난 업체에 구조활동을 거의 배타적으로 위임하기 위하여 민간 잠수사들을 견제한 해경의 타락과 불법, 불의, 무책임, 무감각은 어디가 끝일까? 그 배후세력은 무엇일까? 정말 궁금하다.

이처럼 해경이 종합적으로 구조활동을 이끄는 동안에도 공식적으로는 세월호 승객들에게 탈출하라는 지시가 내려지지 않았다. 선박직 승무원들과 선원, 배의 기간요원들이 철수한 그곳에 계약직 일반 승무원들과 단원고 선생님들이 남아 해경/선장의 지시를 기다리다가 희생자들과 함께 침몰했다. 박지영 승무원, 최혜정 선생님, 남윤철 선생님, 박수현 학생, 정차웅 학생… 영정사진

속의 그 웃는 얼굴들은 정의한국, 정직한국, 자비한국을 창조해달라고 강력하게 호소하고 있다. 1970년대 수출입국의 일념으로 공장을 지킨 노동자들이 집중적으로 거주하는 안산의 아들딸은 그렇게 깊은 바닷속으로 유실되어갔다.

107명을 더 태울 수 있도록 배의 개조를 허용(2009년)한 선박 안전법, 엄청난 과적 초과물을 싣고 다녀도 전혀 검사하지 않았던 관련 공무원들과, 배의 안전상황을 검사하지 않고 합격 판정을 내린 한국선급 고위 간부들, 그 모든 일을 진두지휘한 선주, 선장, 그리고 무엇보다도 국민의 생명을 최우선으로 보호하고 보살펴야 할 대통령과 그 휘하의 관료들, 그들은 모두 세월호 희생자들의 죽음을 초래한 살인자들이다. 그들은 어떤 모양으로든지 세월호 탑승자 수장살인을 초래한 과정 과정에서 중요한 결정의 조타기를 쥐고 있던 자들이다. 그런 점에서 사고 보고 초기 1시간 40분을 비롯해 3일 내내 구조의 골든타임을 방기한 모든 관련자들은 엄중한 책임을 져야 할 것이다.

지금 우리 사회 곳곳을 들여다보면 이처럼 불의하고 무능한 조타수, 항해사, 선장과 선주의 불의한 동맹세력이 견고한 카르텔을 형성하고 있다. 그런 점에서 이 세월호 사건은 유사한 일이 앞으로도 계속될 수 있는 현재진행형 사건이다. 불의한 이익과 탐심 숭배, 돈과 권력에 대한 탐닉이 국민성을 지배하는 나라에서 인명희생 사고는 언제든지 불가피하게 일어날 것이다.

돈과 뇌물 숭배 풍조에 물든 국민성 타락은
교회의 타락에서 비롯된 일

지금까지 드러난 세월호 참변 원인에는 해운회사의 불법운항, 관련 공무원들의 부정부패사슬, 국가 행정체계의 오래된 오작동 관행, 돈과 이익을 숭배하는 황금만능 숭배사상, 그리고 생명 경시풍조 등이 있고, 이 모든 것들이 어지럽게 뒤얽혀 이번 사태가 발생했다. 한마디로 요약하면 세월호 사변은 우리나라 평균 시민의 타락과 공민의식의 결핍이라는 맥락에서 일어난 참변이다. 우리나라의 현실이 돈 숭배라고 불리는 진창과 생명경시라고 하는 수렁 아래 처박힌 배와 같다. 이런 타락한 국민성의 진창과 수렁에서는 박근혜 대통령이 신설한 국가안전처도 작동하기 힘들다. 관료기관이 하나씩 생길수록 세금 먹는 하마가 한 마리씩 태어나는 것과 같을 뿐, 국민의 윤리적 감수성과 도덕성을 개선하는 일은 교회와 고등종교의 몫이다.

타락한 국민성 외에 또 하나 체제순응적인 유순성이 세월호 사태의 또 다른 측면이다. 단원고 학생들 중 자기구조를 위해 3층 갑판으로 뛰어올라간 학생들은 구조되었다. 선실에 남아 구조를 수동적으로 기다리는 학생들이 희생되었다. 이것은 무엇을 의미하는가? 세월호 사태는 관료적 명령에 고분고분하게 순응하는 시민의식을 칭찬하는 풍조에 심각한 의구심이 들게 한다. 물이 차오르는데도 선실에 대기하면서 죽음을 맞이한 탑승객들은 관료만능주의 교육의 피해자들이다. 누구나 긴급 상황에서 자기를 구원할 권리가 있다. 해상조난 사고현장에서는 자기구원을 위해 어떤 행동도 할 수 있다. 그러나 우리 단원고 청소년들은 대부분 선실에서 구조를 기다리다가 죽음을 맞이한 것처럼 보인다. 타락한 관료조직을 믿고 죽은 것이다. 국가와 정부는 이렇게 순진한 국민을 배반한 것이다. 국가와 관료적 통제와 지시의 시대는 지났다. 세월호 사태는 민중자치적이고 자율적인 자기구원을 도모해야 하는 시대에 돌입했다는 것을 깨닫게 해준다.

이 참변의 초기 단계부터 청해진해운의 무한 영업이익 추구와 돈 숭배, 생명경시 풍조가 국민적 공분을 사고 있다. 그러나 불행히도, 분노하는 우리 국민성 안에는 불의한 이익을 위해 공민의식과 법치주의를 배척하는 돈 숭배 유전자가 암약하고 있다. 웬만한 교육이나 종교교육으로 고쳐질 수 없는 이런 심층적 인간성 타락이 우리 각자 안에 구조화되어 있다. 이것은 국민의 성품을 변화시켜 기독교 문명을 창달할 선교 사명을 부여받은 교회의 총체적 실패를 보여주는 구체적 사례가 아닐까? 기독교는 유교나 불교 하의 우리 겨레의 인간성 개선 성과에 훨씬 못 미치는 선교 역량을 보이고 있는 것이 아닌지, 한국 기독교의 인간성 감화·변혁 능력에 대해 심각한 의심을 떨칠 수 없다.

한국의 생각 깊은 시민 대다수가 한국 교회를 정통 기독교에서 한참 이탈한 이단적·내세적 구원 기독교 혹은 현세적 기복 기독교라고 보는 데 이견이 없다. 진리의 말씀을 듣기 위해 교회로 나온 사람들에게 내세구원, 영혼구원, 삼박자축복, 오중복음이라는 애매모호한 마술적 구호를 걸어 집단 최면을 걸어버림으로써 도덕감, 사회정의감, 측은지심과 수오지심에 민감한 공민의식을 박탈해버린다. 교회에 오래 다닌 사람일수록 반인륜적·반도덕적 확신범에 가깝게 변질된다. 사회정의, 자비정의, 정의한국, 공평한국을 건설하는 데 기여하지 못하는 모든 기독교는 초대교회 시절 사도들이 그토록 싸워 몰아낸 영지주의 이단 기독교, 구원파 기독교, 심령주술적 조작 기독교의 후예들이다. 권신찬, 유병언, 박옥수, 이만희 등 이단 기독교로 알려진 분파의 특징은 역사적 대의명분이나 공적 영역에서 공평, 정의, 자비, 양선, 인애, 윤리적 청정 등의 덕을 널리 선포하기보다는 "구원받은 자는 모든 면에서 자유한 자다"라고 가르치는 구원확신 절대주의이다. 이들의 특징은 구원받은 자의 공민적 사명, 정의한국, 자비한국, 공평한국 건설에 이바지하기보다는 자신의 소왕국—그것이 개교회건 교단이건 상관없이—을 건설하고 확장하는 데 투신되어 있다는데 있다. 이런 이단적 소종파 교회의 특징은 교회 밖의 더 큰 인류 생존 공동체의 아픔에 공감하며 그들의 삶에 공평과 정의, 자비와 인애의 덕을 고취시켜 세계를 변혁시킬 기상이 심각하게 결여되어 있다는 데 있다.

　한국 교회가 진창과 수렁에 빠져 좌초한 것은 돈 사랑, 쾌락 사랑, 세력과시형 소종파주의, 헛된 영광추구주의 등에 기인한 사태다. 한국 교회 전체가 어쩌면 교인들을 영적 침륜에 빠뜨리는 세월호 선장 같은 존재일 수 있다. "선실 밖으로 뛰어오르지 말고, 갑판에 나와 서성대지 말고, 선실에서 가만히 있으라." 이런 유의 설교가 한국 교회 강단에서 얼마나 자주 퍼져나오는가? 유신군부 독재 시절 내내, "거리에 나가 데모하지 말고, 가만히 있으라"고 다그친 교회가 얼마나 많은가?

어쩌면 작금의 한국 교회는 맘몬 숭배와 짝하여 심해에 가라앉은 타이타닉 같은 존재일지도 모른다. 우리 겨레의 성품 변화에는 너무나 소홀하고 양적 성장, 교세 과시적 성장에 매몰되어 있었기 때문이다. 한국 교회의 소위 자칭 영적 지도자 동아리가 모두 돈 사랑, 쾌락과 헛된 영광 탐닉에 젖어 있고, 주님의 어린양들은 이리 떼와 늑대들의 밥이 되고 있다. 이런 한국 교회에서 구원 절대확신주의적 기독교, 즉 공민의식이 결여된 사적 기독교가 만개한다.

정확하게 말하면, 지금은 한국 기독교 전체가 진창과 수렁의 바닷속으로 침몰하고 있는 중이다. 그 결과 한국 사회 전체가 불의하고 술 취한 조타수, 항해사, 선장, 선주의 돈 숭배적, 쾌락탐닉적 불법 동맹세력에 의해 좌초와 침몰의 수로에 접어들고 있다. 생존공동체를 죽음의 바다에 수장시키는 지도부 중 한 자리에 한국 교회가 서 있음을 고통스럽게 인정한다. 영적 타락, 돈 숭배, 불의와 불법적 교회권력 장악, 그리스도와 성령 배척적 십자가 복음 대적 세력이 일부의 한국 교회의 선장·선주 동아리를 구성하고 있다. 무섭고 암울한 상황이다. 이런 상황에서 한국 교회는 한국 사회의 걷잡을 수 없는 부패와 타락을 막아내기에는 너무나 미약하다. 여기에 우리 기독 청년의 무한책임적 회개와 갱신의 요구가 있다. 그런 점에서 우리 교회는 검찰이나 언론처럼 책임자를 색출하고 처벌하거나 진상규명만 소리치고 사고 과정의 객관적 보도에만 열을 올리는 수준에서 몇 걸음 더 나아가야 한다. 우리는 이 사건을 통해 한국 기독교가 우리 겨레의 돈 사랑, 뇌물 사랑, 무책임과 무감각적 타락으로부터 우리 겨레를 건져내는 데 총체적으로 실패하고 있음을 자인하고 전면적으로 회개해야 한다.

우는 자들과 함께 울어야 하지만
함께 우는 일보다 더 나아가야 하는 한국 기독교

로마서 12장 15절은 "우는 자들과 함께 울라"고 권면한다. 세월호 침몰로 자녀와 가족을 잃은 유족들이 슬픔에 무너지지 않도록 고통의 순간에 힘이 되어주고 물심양면으로 지원하라고 권면한다. 왜냐하면 공감의 눈물에는 책임이 따르기 때문이다. 유가족과 희생자들을 알량한 성금으로 위로하지 말고 그들의 정수리에 고여 있는 억만 톤의 눈물에 공감해주어야 한다. 진상규명을 요구하는 유가족들의 호소에 공명하고 공감해야 한다. 유가족들과 희생자가 요구하는 진상규명의 목적은 징벌과 복수에 있지 않다. 세월호 갑오참변의 영원한 재발방지를 위한 것이다. 304명의 안타까운 죽음은 단지 애도를 불러일으키는 데 그쳐서는 안 되고 절대안전 대한민국 창조를 위한 디딤돌이 되어야 한다. 선박 안전, 기차·전철 안전, 항공기 안전, 그리고 주거 안전을 최우선시하는 법령의 제정과 집행을 반드시 실현시켜야 한다. 또한 구조가 이루어질 수 있는 3일간 아무런 구조활동도 하지 않고 배를 수장시킨 정부와 당국 책임자들에게 진상규명을 요청하는 유족들의 슬픔과 절규에 공감함으로써 안전 대한민국을 창조할 기틀을 마련할 수 있다. 진상규명이 최우선시되어야 하는 이유가 여기에 있다.

국민들과 유가족들은 최초의 사고발생 경위보다는 사고발생 후 수습과정에서 일어난 도저히 상상할 수 없는 구조 미집행과 부작위적 수장살인 행위에 초미의 관심을 둔다. 미필적 고의에 의한 수장살인사건이기 때문이다. 그런 점에서 사고수습의 책임을 진 해경과 안행부, 일부에서 부단히 제기한 것처럼 세월호 '실소유주'라는 혐의를 받고 있는 국정원, 그리고 청와대는 아주 포괄적인 의미에서 미필적 고의에 의해 세월호 수장 희생자들의 죽음에 관여한 당사자들이다. 따라서 우리는 세월호 참변이 국민 모두의 책임이라는 식의 n분의 1 책임분산 논리로 곧바로 비약하는 것을 경계해야 한다. 궁극적으로는, 도덕적으로는 그런 각성에 이를 수 있으나 법적으로는 우선적 책임이 있는 자들이 책임을 져야 한다. 304명의 희생자 발생 과정을 TV로 지켜본 국민 대다수는 진도 맹골수도 앞까지 접근할 수 없는 목격자들일 뿐이다.

정부가 구조활동을 할 수 있는 충분한 시간을 확보하고도, 구조를 요청하는 그 긴급한 상황에서 무엇을 했는가를 문제시하는 외신보도들은 한국의 진상규명 과정 또한 예의 주시하고 있다. 실망스럽게도 검찰은 기껏 선장 등 탈출 선원들과 해운회사를 기소하는 데 그쳤다. 그러나 이 나라의 정부와 대통령이 진상규명 조사의 피조사자가 되어야 한다. 이런 규모와 범위의 진상규명을 위해서 정부는 먼저 정말로 솔직하게 이실직고해야 한다. 언론통제를 통한 언론조작을 기도하기보다는 참회하고 겸허하게 자신의 종아리를 걷어 올려야 한다. 희생자 유가족들을 절망으로 몰아넣은 것, 민간 잠수사를 힘들게 한 언론통제를 통한 거짓선전 등을 즉각 회개했어야 한다. 엄청난 최신 구조장비가 동원된 구조활동이 이뤄지는 것처럼 보도되는 그 순간에도 실상 구조가 이뤄지지 않았다는 유가족들의 피맺힌 절규를 우리는 어떻게 할 것인가? 왜 살아 있을 때 구조하지 않고 침수된 후에야 그토록 맹렬하게 구조활동에 집착하는 외양을 띠는가? 이 구조활동 해태와 지연, 미집행의 진상을 조사한 후에 당국은 사고원인을 찾아야 할 것이다. 공무원과 해운회사, 관리감독 기관, 조기에 탈출한 선장 등 승무원의 기이한 인륜배반적 탈출 사태 등을 자세히 밝혀야 할 것이다. 이 진상조사를 마친 후에 우리는 희생자와 유가족의 울음에 동참해야 할 것이다.

물론 함께 우는 일로는 부족하겠지만, 진솔하고도 진정성 넘치는 슬픔 동참을 위해서는 우는 일부터 시작해야 한다. 우리 교회는 돈 숭배, 뇌물 탐닉, 불의한 이익 추구, 무책임한 공직수행 등 모든 죄악들을 앞장서서 회개해야 한다. 국민성 타락에 대한 무한책임을 지는 마음으로 부단한 자기갱신을 통해 환골탈태를 이루어야 한다. 모든 권력 단위에 있는 자들은 돈과 쾌락의 뇌물에 지배당하지 말고 진실한 이웃 사랑에 전력 질주해야 한다. 우리들 각자 가슴을 치고 마음을 찢고 거듭 태어나야 한다. 경제성장과 풍요, 고칼로리 식단, 고도소비를 구원의 증표로 여기지 말고, 이웃 사랑, 환대와 친절, 자비와 우정의 무너진 방벽을 다시 세워야 한다. 뇌물 좋아하고, 쾌락 숭배적이고 불의하고 무책임하며 일탈적인 행동을 서슴지 않은 아담 인류의 죄성에 휘둘리지 말고 어린양 예수의 보혈로 온몸과 마음을 적셔야 한다. 어린양 예수의 보혈의 능력에 의해서만 한국 교회의 갱생 가능성이 열린다.

요한계시록 20장 13절("바다가 그 가운데에서 죽은 자들을 내주고")은 언젠가 새 하늘과 새 땅이 시작될 때 바다에 빠진 모든 자들을 바다가 내놓을 것을 말한다. 만물을 새롭게 하실 어린양 예수님 보좌 앞에서 위로받을 자가 위로받고 더 이상 애통하는 일이나 곡하는 일이 없는 날이 도래할 것을 선포해야 한다. 죽음의 권세에 휘둘리는 지금은 누구도 하나님의 자비와 사랑을 실감하지 못하겠지만 우리 주 예수 그리스도는 죽음을 이기신 부활의 주시다. 우리 하나님은 산 자와 죽은 자의 하나님이시다. 죽은 자나 산 자 모두가 주님의 부활 권능을 덧입고 우리 주님의 최후심판 보좌 앞에서 자비를 덧입을 날을 사모할 수 있는 것이다.

우리는 세월호 희생자들과 유가족들의 하늘 무너지는 슬픔을 우리 주님의 무한자비와 무한긍휼에 맡긴다. 죽음을 이기신 부활 주님을 찬양한다. 한국 해경이 친 시신수습용 그물에는 걸리지 않을지라도 하나님의 생명그물에는 모든 수장된 대한의 아들딸들이 건져질 것을 강력하게 열망하고 간구한다.

바다가 그 가운데에서 죽은 자들을 내주고 또 사망과 음부도 그 가운데에서 죽은 자들을 내주매 각 사람이 자기의 행위대로 심판을 받고 사망과 음부도 불못에 던져지니 이것은 둘째 사망 곧 불못이라(계 20:13).

주의 죽은 자들은 살아나고 그들의 시체들은 일어나리이다. 티끌에 누운 자들아 너희는 깨어 노래하라. 주의 이슬은 빛난 이슬이니 땅이 죽은 자들을 내놓으리로다(사 26:19).

죽음의 권세가 강하지만 죽음을 이기고 부활하신 주 예수님의 권세는 죽음을 삼킨다. 우리 모두는 주님께서 세월호 사건으로 희생된 영혼을 불쌍히 여겨주시길 간구한다. 밤낮을 가리지 않고 깊은 바닷속에서 비명에 간 희생자들의 시신을 수습한 잠수사들의 목숨 바친 노고가 주님의 보좌에 상달되기를 또한 간구한다.

하나님 아버지, 히브리 모든 사내아이들을 바다에 수장시키라고 명하던 애굽의 파라오처럼 저희 어른 세대의 죄악이 우리 자녀들과 이웃들을 바다에 수장시키는 참변을 초래했습니다. 가슴 치고 회개합니다. 성령의 강력한 역사하심으로 저희들을 회개케 하고 갱신시켜주시길 간구합니다. 만물을 새롭게 하시는 주님, 저희들을 새롭게 해주옵소서. 한국 사회를 갱신시켜주옵소서. 하나님의 자비와 전능이 작동할 수 있는 공의와 정의가 왕 노릇하는 정의한국, 생명한국, 안전한국을 창조할 수 있는 용기를 주옵소서. 예수님의 이름으로 기도드립니다. 아멘!

김회권 | 숭실대학교 기독교학과 교수. 서울대학교 영어영문학과를 졸업하고서 11년간 한국기독대학인회 간사로 섬겼다. 이후 장로회신학대학원을 졸업하고, 미국 프린스턴 신학대학원에서 성서신학석사 및 철학박사 학위를 받았다. 귀국 후 두레교회 부목사로 1년 반 동안 사역했고, 일산두레교회를 개척하여 4년간 목회했다. 《하나님 나라 신학으로 읽는 모세오경 1, 2》, 《김회권 목사의 청년설교 1, 2, 3》, 《하나님 나라 신학으로 읽는 사도행전 1, 2》, 《이사야 주석 I》, 《하나님나라 복음》(공제) 등을 썼다.

하나가 모두이다

_그리고 1년, 우리에게 남은 것은?

김민웅

하나가 전부이다. 하나가 모두이다.
그 전부를 되찾아 기뻐하는 우리를 꿈꾼다.

조직적인 살해 행위가 되고 말았다

배가 침몰하는 동안에 생명을 살릴 수 있는 시간과 기회는 얼마든지 있었다. 그러나 이 작업에 우선적인 책임과 역량을 가진 집단은 꿈쩍하지 않았다. 우두커니 그저 보고만 있었을 뿐이라면 또 모르겠다. 구조에 나선 사람들, 선박, 헬리콥터 등에 대해 사고 선박 접근 금지조처를 취했다. 이렇게 상황을 보자면, 이건 대단히 조직적인 살해 행위와 다를 바 없게 된다.

사태는 여기서 그치지 않는다. 이 모든 구조의 지휘체계를 움직여야 할 대통령은 실종상태였다. 그렇다면 이는 국가비상상황이 된다. 그러나 현실은 전혀 그렇지 않았다. 대통령은 자신의 실종사태에 대해 그 어떤 설득력 있는 해명도 하지 않았고, 지휘체계의 작동문제가 발생했어도 아무렇지도 않게 지나쳤다. 그런 일이 벌어지고 있는 사이에 300명이 넘는 생명은 수장당하고 말았다. 세월호 참사의 현장에 국가는 부재했다. 달리 말하면 죽은 이들은 이 나라 국민이 아닌 셈이 되고 만 것이다.

이후 벌어진 사건들은 더더욱 기가 질리게 한다. 사고가 왜 생겨났는지에 대한 조사와 규명은 도처에서 가로막히고 말았다. 유가족들은 국론분열의 책임 당사자처럼 몰렸고, 과도한 요구를 하면서 "돈이나 한 푼 더 받으려고 떼쓰는 자들"로 난도질당했다. 대통령은 이들의 눈물과 호소를 외면했고, 국민적 압박이 거세지자 연출된 모습이라고 느껴질 수밖에 없는 모습을 보였다는 비판을 받았다. 프란치스코 교황은 이들 유가족을 깊이 껴안고 아파하며 기도했지만, 대통령의 자리에 있는 이는 피해 가기에 바빴다. 40일이 넘게 단식한 유가족의 눈물과 하소연은 그녀의 귀와 눈에는 존재하지 않는 것과 마찬가지였다.

세월호, 금기어가 되는가?

세월호 특별법이 여당인 새누리당의 '박근혜 지키기' 전략에 따라 누더기가 되어 겨우 통과되고 난 뒤에도 상황은 악화되어 가고만 있다. 조사 자체를 봉쇄하려는 의지가 분명하게 느껴지는 정부의 시행령은 한 가지를 매우 분명하게 해주고 있다. "감출 게 있는가 보구나", 하는 합리적 의심과 확신 말이다.

어느새 '세월호'라는 단어는 박근혜 정권 아래에서 금기어처럼 되어가고 있다. 교육현장에서 이를 계기수업으로 가르치려드는 것을 공문으로 관여하고, 세월호 참사에 대한 대통령의 대응을 문제로 거론하는 것은 침묵시키려든다. 언론도 세월호 참사 발생

원인에 대한 탐사보도는 하는 둥 마는 둥이고 그마저도 초점을 특정 기업의 비리로만 몰아가려든다. 이런 과정에서 정부의 책임은 은폐되고 있다. 증거인멸은 이런 시간의 흐름 속에서 더더욱 용이해질 것이다.

그러나 그런다고 덮어질까? 충분히 살릴 수 있었는데도 그렇게 하지 않은 이유에 대해, 우리 국민들이 이 정도면 되었다고 물러설까? 사랑하는 자식들을 잃어버린 이들이 버젓이 살아 있는데, 그리고 이들을 응원하고 있는 사람들이 하나둘이 아닌데? 손바닥으로 하늘을 가리는 것이 더 쉬울지도 모를 판이다.

책임질 자들

사건일지는 복기하지 않겠다. 이미 사태의 본질은 분명하기 때문이다. 참사발생의 원인규명과 관련된 당사자들은 여기저기 숨어버렸다. 그리고 정부는 이들을 조사할 의지를 가지고 있지 않다. 도리어 은닉하고 있다는 인상마저 줄 정도라는 비판이 나오고 있다. 국민의 생명이 위기에 처해 있을 때 정부가 어떤 조처를 취해야 하는지는 누구나 알고 있다. 구조 역량의 긴급투입과 지휘체계의 조직적 작동을 이끌어야 하는 것이다. 그러나 그 어느하나 이루어지지 않았다. 아예 시도조차 되지 않았다. 왜 그랬는지 아직도 우리는 알지 못한다.

그렇다면 이는 보통 문제가 아니다. 국민의 생명과 안전은 정부의 제1차적 책임이다. 그게 이렇게 구렁이 담 넘어가듯 넘어갈 수 있는 성질의 것은 결코 아니다. 전혀 믿을 수 없고, 의구심만 가득하게 만든 정부를 그대로 두고 계속 안심하고 살아갈 수 있을까? 이런 정부는 규탄의 대상이자, 교체의 대상이다.

학생들이 죽자 당해 학교 교감 선생님은 목숨을 끊었다. 너무도 가슴이 저린 일이다. 하지만 대통령이라는 위치에 있는 이는 이 교감 선생님의 책임감에 비해 백분의 일도 감당하지 않고 있다. 이런 권력자를 그대로 둘 수 없는 것 아닌가?

대통령이 얼마나 막강한 권력을 쥐고 있는가? 국가의 최대 역량을 동원하고 움직일 수 있는 권한을 국민이 대통령에게 준 까닭은 그런 권력을 통해 할 일을 하라는 것이다. 그러나 대통령은 자신의 임무를 그 위기 상황에서 철저하게 방기해버렸다. 스스로 자격을 내려놓은 셈이다.

세상 전부

어떤 경우에는
내가 이 세상 앞에서
그저 한 사람에 불과하지만

어떤 경우에는

내가 어느 한 사람에게

세상 전부가 될 때가 있다.

이문재 시인의 작품 가운데 〈어떤 경우〉의 한 대목이다. 사람은 수가 아니라 존재 자체로 인식되어야 한다. 수장된 생명이 300명이 넘는다는 것도 충격이지만, 한 사람 한 사람이 그 존재 자체로 고귀하고 누군가에게는 세상 전부이지 않은가? 그 세상 전부인 존재를 대하는 권력의 태도는 용납하기 어려울 지경이다.

나라 꼴이 이런 형편이 되면, 그 물줄기에서는 줄줄이 사람 보기를 우습게 여기고, 힘없는 이들 짓밟기를 예사로 하며 잘못된 처사를 시정해달라고 요청하는 것을 모두 불온하게 여기도록 만든다. 그 사회의 정신과 영혼이 부패해버리고 썩는 것이다. 이런 사회에서 어려움에 처한 이들을 돕는다거나 이들을 응원하고 함께 힘을 합해 난국을 타개한다든가 하는 풍토는 조성되기 어렵다. 그건 네 문제야, 하는 식이 되고 문제가 생기면 책임전가에만 골몰하는 것이 대세가 되어버리는 것이다. 그와 같은 곳에서 사는 이들은 아차 하는 순간에 어디에서도 도움의 손길을 기대할 수 없고 홀로 위기에 처해 절박해지는 처지로 전락하고 만다. 불행한 사회가 되는 것이다.

이런 사회를 만든 주범들은 따로 있다. 국민들 전체가 책임질 일이 아니다. 하지만 만일 그 주범들이 공권력을 쥐고 있도록 한다거나 권좌에 있는 것을 그대로 두고 있다면, 그것은 국민들의 책임이 된다. 자신들의 목숨을 위기에 빠지도록 하는 자들을 구조자로 알고 그 책임을 맡기고 있다면 그야말로 자기배반이 아닌가? 이런 자기배반이 지속되지 않도록 하기 위해서라도 세월호 특위의 진상규명이 그토록 중요한 것이다.

어디에서 문제가 생겼고, 문제가 생긴 이후의 대응에 누가 책임을 져야 하며 사고가 참사가 되기까지 어떤 상황이 펼쳐졌는지를 매우 구체적으로 확인해야 할 필요가 있는 것이다. 이런 작업이 명백해지면 우리는 무엇을 고치고 누구를 물러나게 하며 어떤 자들에게 책임을 묻게 될 것인지 확실하게 알게 된다. 그리고 이러한 과정은 우리 사회의 정신과 윤리의 기본을 근본적으로 바로 세워나가게 해줄 것이다.

해방 이후 민족 전체를 식민지 노예로 만들어가는 데 협력하고 일본제국주의의 총알받이로 내세우는 데 적극 나섰던 자들을 정리하는 반민특위의 무산을 되풀이할 수는 없는 것이다. 반민특위의 해산은 이후 나라를 위해 목숨까지 바친 이들에 대한 외면과 밀어내기를 결과했고, 지금에 이르기까지 정의를 위해 나선다는 것은 부질없고 권력에 붙어사는 것이 수라는 식의 사회적 사고를 형성하는 기반이 되었다. 만일 이번에도 세월호 특위가 조사권조차 제대로 발동하지 못하고 무너져내린다면 그 이후 우리 사회가 어떤 꼴이 될 것인지는 보지 않아도 빤하지 않겠는가?

한국 교회의 세월호 인식

이런 현실 앞에서 한국 교회는 과연 어떤 자세를 취했는가? 한국 교회는 세월호 참사에 대해 얼마나 치열하게 고뇌했는가? 한국 교회 지도자들은 고통에 빠진 가족들을 위로하고 이들을 모독하는 권력자들에게 매서운 경고를 날렸는가? 답은 '별로 아니다'이다.

오늘날 한국 교회와 기독교는 예언자적 정신을 잃어버렸고, 예수운동의 핵심을 버리고 있다. 부당한 권력 앞에서 침묵하는 것은 물론이요, 아부에 열을 올리고 있으며 비통한 지경에 빠진 이들을 위해 발언하거나 응원하는 일은 거의 하지 않는다. 세월호 참사에 대한 이 나라 정부의 비인도적 대응과 처사, 그 이후 벌어진 책임전가와 세월호 참사 유가족에 대한 능멸을 정면으로 질타하면서 "이건 아니다"라고 목소리를 높이지 않는다.

세상에서 가장 작은 이들이 된 유가족들을 위해 나서거나 이들의 억울한 하소연을 대신해서 우리 사회에 일깨우는 일은 관심 밖이다. "가장 작은 이를 대접하는 것이 곧 나를 대접하는 것과 다를 바 없다"고 하신 예수님의 말씀은 이들에게 마이동풍馬耳東風이다.

이들이 갈구하는 것은 우리 사회에서 강자와 동격이 되려는 욕망이며, 약자들은 거들떠보지 않는 오만함이다. 그래서 성채와 같이 거대한 교회를 짓고 그 안에서 권력을 누리는 것을 행복으로 여기는 예수 시대의 제사장, 율법학자 들이 되어버리고 있는 것이다. 그런 성채는 예수님의 질타대로 '강도의 소굴'이 아닐 수 없으며, '돌 하나에 돌 하나도 남지 않는' 무너짐이 있게 되지 않겠는가? 건물은 그대로 있을지 모르나, 그 안에서 무엇이 제대로 쌓아올려지겠는가? 이것은 하나님나라를 향한 방향과 완전히 반대이며, 돈과 권력을 숭상하는 맘몬종교가 기독교의 껍질을 쓰고 사람들을 기만하고 유혹하는 격이다.

잃어버린 존재들

누가복음 15장에 나오는 세 가지 비유는 모두 잃어버린 존재와 관련되어 있다. 하나는 양이며, 다른 하나는 한 드라크마이며, 마지막은 둘째아들이다.

첫 번째 비유를 짚어보자. 어떤 목자에게 양 백 마리가 있었다. 그 가운데 한 마리가 어디론가 실종되었다. 그렇다면 어떻게 해야 할까? 이게 예수님의 질문이었다. 세리와 죄인, 그러니까 당대의 강자들이 보기에는 하찮은 이들과 함께 식사를 하시는 예수님을 못마땅하게 여기자 이에 대한 대답으로 나온 비유가 이 이야기들이다. '그래? 그렇게 내가 마음에 안 들어? 그렇다면 너희들은 이런 경우 어쩌겠나' 하고 반격하는 동시에 자신과 함께 먹고 마시는 이들을 방어하는 논리가 이 비유 속에 담겨 있다. 핵심은 분명하다. '어디 그냥 있겠는가? 그 잃어버린 양 한 마리를 찾아 나서지 않겠는가?' 이런 행위는 유목사회인 당시 고대 팔레스타인 지역에서 예외적이고 특별한 일이 아니었다. 너무나도 당연했던 일이다. 그래서 누구에게나 아무런 반발 없이 '먹히는 이야기'이다.

그러나 이 이야기는 대체로 이렇게 이해되거나 기억되고 있지 않다. 잃어버린 양 한 마리를 찾아 나서는 것은 예수라는 식으로 받아들인다. 하지만 이 비유는, '너희들은 그냥 집으로 가버리고 말겠지만 나 예수는 어떻게든 찾아 나서지' 하는 자기 홍보와 자기 내세우기가 결코 아니었다. '양 백 마리가 있다가 그 가운데 하나가 없어져도 그토록 애타며 찾으러 가는데, 하물며 하늘이 잃어버렸던 이들과 함께하는데 너희들이 시비를 걸 일은 아니지 않은가' 하시는 것이다. 예수님을 비난하던 이들을 양 한 마리가 사라지는 가상의 현장으로 이끌어내어 그 처지에 서보도록 하시는 것이다. '그렇게 서보니 어떤 것이 보이는가? 아무런 일이 일어나지 않은 것처럼 집에 갈 수 있나? 아니지 않은가?'

이 비유는 듣기에 따라 백 마리 가운데 어디론가 사라진 한 마리와 나머지 아흔아홉 마리가 대조되는 듯하다. 그렇게 될 경우 한 마리는 그저 한 마리다. 그러나 목자는 양을 수가 아니라, 그 존재 자체로 대한다. 달리 말하면, 길을 잃고 헤매고 있는 양의 처지와 현실을 주목하고 위기에 빠진 이 양의 비통함을 자신의 아픔으로 받아들여 찾으러 나서는 것이다. 이럴 때, 아흔아홉 마리는 "아, 이거 뭐야. 우리는 여기에 남겨두고 말이야" 하며 구시렁 거릴 수 있다. 그래서 만일 목자가, "알았다, 그냥 가자. 대를 위해 소는 어쩔 수 없이 희생되는 거지" 하고 돌아간다면 어떤 일이 벌어질까?

한 마리를 살렸다고?

처음에야 아흔아홉 마리 양들이 좋다고 할지 모르겠지만, 생각이 있다면 가다가 이런 상상이 들지 않을까? '음, 내가 그 잃어버린 양 한 마리 꼴이 된다면 버림을 당하고 말겠군.' 아닌가? 그와는 달리 목자가 어떻게든 그 한 마리 양을 찾아 돌아온다면, '아, 내가 저런 처지에 빠진다 해도 이 목자는 기필코 나를 구해내어 안전하게 살아 돌아오게 해줄 거야', 할 것이다.

그런 까닭에 이 이야기에서 목자는 단지 한 마리의 양만을 구한 것이 아니라 양 백 마리 전체를 구한 셈이다. 이 양들은 모두 자신이 구조된 것처럼 여기게 될 것이며, 목자를 중심으로 똘똘 뭉치게 될 것이다. 그 한 마리가 살아 돌아오는 것은, 따라서 이 공동체를 온전하게 해주는 사건이 된다.

열 드라크마의 이야기도 크게 다르지 않다. 당시의 관습대로 시집올 때 부모님에게 받아 가져온 열 드라크마의 띠는 그 자체가 하나의 존재다. 그 가운데 한 개만 없어져도 이 빠진 꼴이 된다.

한 개의 드라크마는 그저 한 드라크마가 아닌 것이다. 앞니 두 개 중에 하나가 빠지면 그건 하나의 이가 달아난 것이 아니라 이 모양 전체가 일그러지는 것과 같은 이치다. 사라진 하나를 찾아 끼워 넣어야 비로소 이 드라크마 띠는 온전한 가치를 갖는다.

무슨 이야기인가? 양 한 마리나 한 드라크마나 수로 보면 하나에 불과할지 모르나, 그 하나는 전체를 온전하게 하는 '모든 것'의 의미를 지니고 있는 것이다. 누군가에게는 하나에 지나지 않아도, 누군가에게는 세상 모두가 되는 것이다. 그러니 잃어버렸던 둘째 아들이 돌아왔을 때는 더 말해 무엇 하겠는가?

잔치를 꿈꾼다

그런데 이 이야기들의 마지막 마무리는 모두 동일하다. 동네 사람들을 불러 모아 잔치를 베푸는 것이다. 양의 경우를 생각해보자. 자신이 돌아온 것에 주인이 그토록 감격하며 사람들을 초대해서 기뻐한다고 하면 그건 자신의 가치가 얼마나 귀중한지를 입증하는 사건이 된다. 돈으로 따지면 배보다 배꼽이 더 큰 경우가 될는지 모른다. 그러나 주인이자 목자는 지금 돈이 문제가 아니다. 이게 바로 잃어버린 이들에 대한 하나님의 태도이자, 우리가 일깨움을 받아 이루어내야 할 바다.

반면에 세월호 참사 이후는 이와 너무도 대조되고 있다. 정부는 아예 찾아 나설 생각을 하지 않으니 잔치가 아니라 통곡의 바다가 되고 있는 중이다. 게다가 참사 원인규명에 나서고 선박 인양을 요구하는 것이 마치 부당한 일이나 되듯 권력은 대하고 있다. 이런 현실에서 교회는 무엇을 설교하고 무엇을 실천의 목표로 삼아야 하겠는가? 지금 예수께서 오셔서 한국 교회 앞에서 잃어버린 양 한 마리 이야기를 하시면서 너라면 어찌하겠는가, 하고 물으신다면 우리의 대답은 어떤 것이 될까?

묻자. 우리는 잔치를 베풀고 싶어 하는가, 아니면 잃어버린 존재에 대해 아무런 아픔도 느끼지 않는 권력과 공범자가 되려는가? 바로 이 질문 앞에서 우리가 어떻게 대답하는가에 따라 우리의 인간성이 규정될 것이며, 이 땅에 하나님나라의 존재 여부가 세상에 증언될 것이다.

여리고 고개에서 강도 만난 이를 구해낸 사마리아인은 그 행위로써 영생을 얻는 자로 예수의 비유 속에서 일컬어진다. 고난에 처한 이의 생명을 구한 자가 결국 자신의 영혼을 구한 셈이다. 그는 한 사람을 살린 것이 아니라 하나님에게 전부인 누군가를 구해냈기 때문이다.

하나가 전부이다. 하나가 모두이다. 그 전부를 되찾아 기뻐하는 우리를 꿈꾼다. 이 꿈을 가로막는 자들은 하나님나라와 맞서는 자들일 뿐이다.

결국 누가 이길까? 답은 이미 자명하지 않은가.

이 답이 현실이 되려면, 사도들의 행전이 이어져야 한다. 이 나라의 광장은 바로 그 사도행전의 성령사건이 일어나는 자리다. 모두의 마음과 영혼이 뜨거워져서, 마리아가 기원했던 것처럼, 인간의 생명을 경시하는 권력을 빈손으로 보내고 하나님의 백성들이 주인이 되어 감격의 잔치를 베풀 날을 고대하며 갈망한다. 새끼를 잃은 어미들의 눈물이 그로써 그치리라.

김민웅 | 목사, 언론인, 경희대 후마니타스 칼리지 교수. 한국외국어대학교와 동대학원에서 정치외교학을 전공했고, 델라웨어 대학교에서 정치철학 박사과정을 마치고 유니언 신학대학교에서 윤리학 박사학위를 받았다. 2004년 EBS 국제시사방송을 진행했고, 성공회대학교에서 '세계체제론'을, 경희대 후마니타스 칼리지에서 인문학을 강의하고 있다. 《동화독법》, 《창세기 이야기》, 《밀실의 제국》, 《보이지 않는 식민지》, 《자유인의 풍경》 등을 썼다.

성문 밖 세월호,
성문 밖 그리스도

박총

안락한 종교적 위안에 취해 있지 말고, 유가족들이 버림받고 내쳐진 성문 밖으로 나아갑시다. 유가족들의 눈물이 그치지 않고 원통함이 멎지 않는 성문 밖으로 나아갑시다. 제자들보다 먼저 갈릴리에 간 예수는 우리보다 먼저 유가족들에게 가 계십니다.

———————

이 글은 2014년 9월 15일 '세월호 참사를 기억하는 기독인의 모임' 주최로 서울 파이낸스센터 앞에서 열린 촛불예배에서 나눈 설교를 밑글로 삼아 대폭 고쳐 썼다. 현장감을 살리기 위한 토씨와 표현을 남겨두었다.

유대교의 제사의식에서 대제사장은 속죄제물로 드리려고 짐승의 피를 지성소에 가지고 들어가고, 그 몸은 진영 밖에서 태워버립니다. 그러므로 예수께서도 자기의 피로 백성을 거룩하게 하시려고 성문 밖에서 고난을 받으셨습니다. 그러하므로 우리도 진영 밖으로 나가 그에게로 나아가서, 그가 겪으신 치욕을 짊어집시다(히 13:11-13, 새번역).

성문 밖에 내침당한 유가족

잔인한 4월입니다. 문학소년 시절 〈황무지〉를 읽을 땐 T. S. 엘리엇이 "4월은 가장 잔인한 달April is the cruellest month"이라 읊은 까닭을 몰랐습니다. 골똘히 생각해도 의미가 잡히지 않았고, 곁에서 뜻을 풀어줄 사람도 없었습니다. 그로부터 30년이 지난 2014년 4월 16일, 마침내 답을 얻었습니다. 봄이 와도 생명이 돋지 않는 황무지처럼 4월은 제가 죽는 날까지 잔인한 달로 남아 있을 겁니다. 4·3도 모자라 4·16까지, "겨울이 오히려 따뜻했"다는 시인의 역설은 한국에서 정설이 되었습니다. 누가 사월四月을 사월死月로 만들었습니까.

자식을 키우는 부모라면 세월호 참사를 대체 남의 일로 여길 수 없을 겁니다. 저희 집에는 사랑스러운 아이가 넷이나 있습니다. 저는 직장생활 하는 안해(아내)를 외조하는 덕에 여염집 아빠들과 달리 애들을 먹이고 입히며 넉넉한 시간을 나눕니다. 그런데 언제부터인지 멍하니 넋을 잃는 제 모습을 봅니다. 애들과 욕조에 몸을 담그고 놀다가 "배가 침몰한다!"는 아이의 외침에, 잠자리에서 책을 읽어주다가 튀어나온 '세월'이란 단어에, 심지어 봄을 알리는 개나리의 철없는 노란색에 시큼시큼 아팠습니다. 아마 여러분도 그랬을 겁니다.

2014년 내내 유가족과 시민들은 진상 규명과 재발 방지를 위한 세월호 특별법 제정을 촉구해왔습니다. 이 지극히 상식적인 요구를 위해 유민이 아빠는 40일이 넘도록 목숨 건 단식을 하고, 많은 시민들이 동참했습니다만 정부와 국회는 눈 하나 깜짝하지 않습니다. 눈물겨운 투쟁 끝에 특별법이 간신히 합의되었습니다만 정부는 세월호 1주기를 보름 앞두고 세월호 특별법 시행령안을 발표, 유가족을 다시 길바닥으로 내몰았습니다. 해양수산부의 시행령안은 특별조사위원회를 사실상 정부 산하 기구로 전락시켜 진상규명을 원천봉쇄한 것과 다름없습니다. 피맺힌 인양 요구마저도 철저히 묵살되고 있습니다. 실종자 승현 군의 누나 이아름 양은 진도 팽목항에서 서울 광화문까지 울면서 삼보일배를 하고 있습니다. 그 광경을 보고 있노라니 가슴이 미어집니다.

이렇게 세월호 유가족들은 버림받고 있습니다. 철저하게 버림받고 있습니다. 4월 16일 세월호에 탑승한 우리 아이들이 '가만히 있으라'는 회유 아래 버려졌고, 이제 그 부모들마저 버림받고 있습니다. 단원고 2학년 6반 신호성 학생의 어머니 정부자 님의 피맺힌 토로가 귀에 쟁쟁합니다.

"이 개떡 같은 나라, 다 망해버려라! 너희들, 애들 다 죽여서 건지려고 그랬지? 내가 가만 보니 그러네! 어정쩡하게 살려놨다가는 애들이 이 나라 다 헤집고 돌아다닐 거 같으니까 다 죽여서 건지려고 물에 풍덩 빠뜨렸지!"

오죽하면, 오죽하면 이렇게 악을 쓸까요. 그런 유가족의 가슴에 불을 지르는 만행이 이어집니다. 광화문 세월호 단식장에 몰려와서 폭식투쟁을 합니다. 어묵을 입에 물고 '친구 먹었다'는 글을 올립니다. 세월호 유가족들이 거액의 보상금과 남은 자녀의 대학 특례 입학을 요구했다며 흑색선전을 퍼뜨립니다. 그럴 때마다 피가 거꾸로 솟는 것 같습니다.

온오프라인에서 사람 같지 않은 이런 만행이 저지당하지 않는 것은 세월호 유가족을 바라보는 국민의 시선 또한 그리 곱지 않기 때문입니다. 오랜 싸움에 물린 국민들이 세월호 피로감을 호소합니다. 그만 좀 해라, 우리도 먹고살아야 한다며 세월호 현수

막을 철거하기도 합니다.

> "저희 유가족들은 지금 세월호를 두 번 타고 있습니다. 그런 유가
> 족들에게 국민이고 정치인이고 언론인이고 할 것 없이 모두 컨테
> 이너를 얹고, 쇳덩어리를 얹고, 쌀가마니를 얹었어요. 선원들보다
> 해경보다 더 나쁜 사람들이 되어가고 있어요."
>
> _《금요일엔 돌아오렴》에 실린 단원고 문지성 학생의 아버지 문종택 씨 이야기 중에서

지난 명절 때 팔순이 다 된 저희 이모님이 세월호 유가족들 너
무하다고, 얼마나 보상을 더 받으려고 하냐고, 자식 잃고 팔자 고
치려 하냐고 그렇게 말씀을 하시더군요. 저는 그런 이야기 그만
하시라고, 세월호 유가족들에게 공감하지 못하는 사람은 개돼지
만도 못하다고 직격탄을 날렸습니다. 제가 작심하고 강하게 반발
했던 것은, 저희 이모님처럼 생각하는 사람이 많다는 끔찍한 현
실을 외면하고 싶었기 때문일 겁니다.

세월호 이후의 기독교

세월호 참사의 충격에서 벗어나지 못하고 있던 지난 5월, 팽목
항에 같이 다녀온 친구 김성수 목사님이 말없이 책 한 권을 건넸
습니다. 집에 돌아와서 그 표지를 물끄러미 쳐다보는데 주르륵

눈물이 나더군요. 프리모 레비가 쓴 《가라앉은 자와 구조된 자》였습니다. 프리모 레비는 책에서 '아우슈비츠 같은 끔찍한 비극이 역사에서 반복될 수 있는가'라는 질문에 답하기 위해 먼저 아우슈비츠를 이렇게 정의합니다.

정부 수준에서 의도되고, 무방비 상태의 무고한 사람들에게 자행되는, 그리고 경멸이라는 원칙에 의해 합법화되는 대량학살.

세월호 참사를 두고 '세월호 학살'이란 강한 표현을 쓰곤 하는데, 이 대목에 의하면 학살이란 말이 결코 과하지 않습니다. 세월호가 침몰하던 당일과 그 이후, 아직도 풀리지 않고 있는 수많은 의혹들이 세월호 참사를 단순 교통사고가 아니라는 의혹을 품게 합니다만, "정부 수준에서 의도되고, 무방비 상태의 무고한 사람들에게 자행되는, 그리고 경멸이라는 원칙에 의해 합법화되는 대량학살"이라는 대목을 생각하면 현 정부는 유가족들을 대상으로 2차, 3차 학살을 자행하고 있습니다.

제가 외국에서 신학 공부를 할 적에 보니 아우슈비츠 이후의 철학, 아우슈비츠 이후의 예술, 아우슈비츠 이후의 신학 등을 다룬 책이 적지 않더군요. 아우슈비츠가 유럽 현대사의 분기점임을 그렇게 확인할 수 있었습니다. 한국에서는 아우슈비츠에 견줄 만한 비극으로 5·18 광주를 꼽습니다. 제가 외국에 나가기 전엔 국문학을 전공했었는데요, 시인들은 광주 이후에도 서정시가 쓰일 수 있는가를 논하며 울분을 삼키곤 했습니다. 그 정도로 5·18이 남긴 상처가 컸다는 말이지요.

아우슈비츠에서 광주로 이어진 학살의 계보는 세월호로 이어 졌습니다. 이젠 신학이 가능한가, 서정시를 쓸 수 있느냐의 문제 가 아닙니다. 이 시대는 삶이 가능한지를 묻고 있습니다. 실제로 "세월호 이후에도 '삶'은 가능한가"라는 부제를 달고 나온 책이 있습니다. 그 부제가 선정적이지 않은 것은 세월호가 가라앉는 모습을 보면서 우리네 삶의 기반 역시 통째로 가라앉는 공포를 경험했기 때문입니다. 이 시대의 지성들은 한국 사회가 세월호 이전과 이후로 나뉠 것이라고 입을 모읍니다. 정혜신 박사는 "세 월호 트라우마에 제대로 대처하지 못하면 우리 사회에 한국전쟁 과 맞먹는 상흔이 남을 것"이라고까지 단언합니다.

그리스도인인 우리 또한 직감하고 있습니다. 세월호 참사 이후 로 교회가 더는 이전과 같을 수 없음을 말입니다. 일반화의 폭력 성을 무릅쓰고 말함을 용서하시기 바랍니다. 제가 믿는 한 세월 호 참사는 이 시대에 참 교회인지 사이비인지를 가늠해주는 일종 의 영적 리트머스 시험지입니다. 하여 저는 이 시간, 원통한 고아 와 과부를 신원하라고 그토록 반복해서 말씀하시는 하나님을 믿 는다면서 원통한 세월호 유가족을 신원하지 않는 기독교와의 단 절을 선포합니다. 우는 자들과 함께 울라는 하나님을 믿는다면서 세월호 유가족들을 조롱하고 비난하는 기독교와의 결별을 선포 합니다. 이 대목에서 새 포도주는 새 부대에 담겨야 한다는 그분의 음성이 떠오릅니다.

성문 밖에 내침 당한 그리스도

오늘 본문을 보면 히브리서 기자는 의도적으로 두 개의 공간을 대비시킵니다. 권력과 종교의 중심인 성전과, 버림받은 땅인 성문 밖입니다. 그런데 놀랍게도, 아니 당연하게도 그리스도는 성문 밖에서 죽으셨습니다. 예수가 죽은 성문 밖은 어떤 곳인가요?

오를란도 E. 코스타스의 《성문 밖의 그리스도》에 의하면 그곳은 성전에서 제사에 쓰고 남은 희생의 찌꺼기를 버리는 곳이자 성 안의 지배층이 배출한 분뇨와 쓰레기를 투기하는 곳이었습니다. 또한 성문 밖은 범죄자들이 처형되던 곳(레 24:14, 23; 민 15:35-36; 신 22:24, 진영 밖에서 돌로 쳐 죽이라는 세 군데 명령)이고, 사람들이 꺼려하는 불결하고 위험한 곳slum이며, 성 안에서 쫓겨난 거지, 범죄자, 한센병자와 같은 버림받은 자들이 거하는 곳이었습니다.

예수 그리스도는 그 버림받은 땅에서 십자가 대속의 죽음을 이루심으로 구원의 장소를 성전(사회 중심부)에서 성문 밖(변두리)으로 이동시켰습니다. 즉, 죄 사함과 구원의 선포라는 성전의 기능을 자신의 몸으로 손수 감당함에 따라 수치와 금기의 땅이던 성문 밖을 가장 거룩한 지성소로 변모시켰습니다. 할렐루야!

오늘날 버림받고 외면당한 곳이 어디입니까. 진상규명이라고 해봐야 아직 첫걸음도 내딛지 않았는데 국민들이 지겹다며 고개를 흔드는 곳이 어디입니까. 영문도 모르고 자식 잃은 게 죄라서 굵은 빗줄기에 비닐 하나 덮어 쓰고 길바닥에 잠을 청해도 어느 누구 하나 와서 그 원통함을 풀어줄 테니 그만 일어나라고 하지 않는 곳이 어디입니까. 우리 시대의 성문 밖은 대체 어디입니까.

광화문이
청운동이
안산이
팽목항이
그리스도가 현존하고
그리스도가 죽었으며
그리스도가 부활하신 성문 밖입니다.

당시 성전 체제에만 머물러 있던 자들은 성문 밖에서 죽은 그리스도를 만날 수 없었습니다. 낡은 종교 시스템과 함께 멸망할 수밖에 없었습니다. 마찬가지로 오늘날 제도화된 종교 안에 머물러 있는 자들, 우리 시대의 성문 밖인 광화문, 청운동, 안산, 팽목항으로 나아가지 않는 자들은 주님을 만날 수가 없습니다.

진정한 하나님의 임재와 현존은 몇천 억짜리 예배당에 있는 게 아니라 버림받은 성문밖에 있습니다. 그러므로 히브리서 기자는 담대하게도 우리도 성문 밖으로 계신 그리스도에게로 나아가서,

그가 겪으신 치욕을 짊어지자고 우리를 초대합니다(히 13:13). 여러분, 우리 시대의 버림받은 자리인

광화문

청운동

안산

팽목항에 계신 그리스도에게로 함께 나아갑시다.

추문으로 살아가기 위하여

성문 밖에 계신 주님을 만나고 그가 겪은 치욕을 나눠 지려 하는 모든 분들에게 고합니다. 우리는 세월호로 인해 많이 아파했고 오래 기도했고 각자 처한 여건 속에 최대한 동참해왔습니다. 바쁜 일정을 뒤로한 채 안산과 팽목항을 찾고, 피곤한 몸을 달래가며 촛불기도회로 모이고, 청운동에서 노숙하는 유가족에게 담요를 전하고, 광화문에서 단식순례에 참여해왔습니다.

하지만 우리에게는 훨씬 더 급진적인 실천과 파격적인 상상력이 필요합니다. 우리가 더 래디컬해짐에 따라 주위 분들이 시험에 드는 것을 겁내지 마십시오. 그리스도와 그분의 복음은 애당초 거대한 스캔들(추문)이었고 그분을 따르는 우리 역시 하나의 스캔들이어야 마땅합니다. 그렇다면 우리는 어떤 방식으로 스캔들이 되어야 할까요.

먼저, 기억함으로 스캔들이 됩니다. 단언컨대 기독교는 기억의 종교입니다. 우리가 안식일을 기억하여 거룩히 지키라는 명을 받았고, 나를 기억하라는 주님의 명을 받았다면 세월호를 기억하라는 명 또한 엄숙히 받들어야 합니다. 세월호는 망각 속에 가라앉고 기억 속에 인양됩니다. 바닷속에 가라앉거나 크레인에 인양되는 것이 아닙니다.

> "어떤 말도 위로가 될 수 없습니다. 다만 이렇게 이야기해주십시오. '한 달 뒤에도 잊지 않겠습니다. 1년 뒤에도, 10년 뒤에도, 평생 잊지 않겠습니다.' 그것이 저희에게는 가장 큰 힘이 됩니다. 저희가 가장 두려워하는 것은 잊혀지는 것입니다. 우리 아이들이 잊혀지고 우리가 잊혀지는 것입니다."
>
> _세월호 유가족 대변인 유경근 님

어떤 면에서는 애도보다 기억이 더 중요합니다. 공감의 눈물은 나도 함께 아파했다는 면죄부를 주기도 하고 종종 일회성에 그치기도 합니다. 하지만 '기억하고 있다remembering'는 것은 철저히 버림받은 세월호 유가족을 다시re 우리의 지체member로 받아들이는 행위ing이며, 그들을 잊었던 우리가 다시 그들의 일부가 되는 행위입니다. 이러한 기억은 세월호를 영영히 망각의 검푸른 바닷속에 밀봉해두려는 '정사와 권세'를 위협합니다. 그 기억은 요한 뱁티스트 메츠가 말한 '위험한 기억'이 되고, 그 위험한 기억을 나누는 공동체는 일본계 미국인 학자 로널드 타카키가 말한 '더 큰 기억의 공동체community of a larger memory'가 됩니다. 실제로 세월호는 지역, 계층, 연령, 종교의 차이를 끌어안는 방주가 되었습니다.

우리가 기억하고 있는 한, 세상이 감당치 못할 자들(히 11:38)이자 천하를 뒤집어엎는 자들(행 17:6)로 살 수 있습니다. 죄송한 표현이지만 304명의 죽음이 개죽음으로 끝나지 않고 생명을 살리는 부활로 돌아오는 것은 우리 남은 자들의 기억에 달려 있습니다. 문제는 우리가 저주받을 기억력의 소유자란 데 있습니다. 월터 브루그만의 말마따나 "땅은 기억상실증을 유발합니다". 우리의 마음이 세월호가 잠긴 진도 앞바다에 잠기지 않고 뭍으로 기어 올라올 때 땅은 기억상실증을 가져옵니다. 우리의 마음이 더이상 팽목항에서 흘린 유가족의 눈물에 젖지 않고 육지의 바람에 마를 때 땅은 기억상실증을 가져옵니다. 하지만 성서는 준엄하게 명령합니다. "당신들은 기억해야 합니다"(신 8:18, 새번역)라고. 우리는 망각과 투쟁하기 위해 부름 받았습니다.

단원고 학생들 중에는 친구를 잊지 않기 위해 문신을 새기는 아이들이 있다고 합니다. 울컥합니다. 영원히 기억하고 싶은데 자꾸 잊히니까, 살다 보면 잊게 마련이니까, 어떻게든 친구를 잊지 않으려는 몸부림입니다. 10분 이상 지속되지 않는 기억력을 한하며 온몸을 문신투성이로 만드는 영화 〈메멘토〉의 주인공처럼 우리도 몸에 세월호를 새겨야 합니다. 육의 할례도 마음의 할례도 아닌 세월호의 할례를 베풀어야 합니다.

각별히 몸과 감각으로 기억하는 것이 중요합니다. 어둠을 밝히는 촛불을 묵묵히 바라보고, 목이 터져라 외치며 거리행진을 하고, 때론 경찰과 맞서 몸싸움을 하고, 차가운 거리에서 단식농성을 하는 등 감각을 통해 몸이 기억한 것은 영의 각성 또한 이끌어냅니다. 일전에 제가 속한 재속재가수도원 '신비와저항'에서 세월호 진상규명을 비손하는 30일 단식순례를 자청, 광화문에서 노숙을 했습니다. 누가 알아주는 것도 아니고 자기 위안일 수도 있지만 광장에서 지새운 밤은 몸이 오래 기억하더군요. 그날 밤의 차량의 소음과 진동, 매연, 그리고 냉기를 몸은 지금도 기억합니다. 몸이 부활하듯 몸에 새긴 기억은 한때 죽더라도 다시 살아납니다. 확실히 기억은 영혼보다 몸이 전문가입니다.

제 몸 하나 건사하기 힘든 세월이지만, 우리는 억울하게 죽어간 이들을 기억하는 삶으로 부름 받았습니다. 그리스도인의 으뜸가는 소명은 기억입니다. 기억은 가장 묵직한 저항이며, 불의를 타격하는 첫걸음임을 믿습니다.

둘째, 분노함으로 스캔들이 됩니다. 분노 없는 기도는 참된 기도가 아닙니다. 나이브하게 그래, 세월호 위해 기도해야지, 하면서 하는 기도는 참된 기도가 아닙니다. 세월호 참사를 아파하고 분노하고 저주로 가득 찬 마음에서 참된 기도가 나오는 겁니다. 그럼에도 내가 아무것도 할 수 없다는 무기력함 속에서 거듭거듭 절망으로 자맥질치는 분노 속에서 참된 기도가 나오는 겁니다. 바로 거기서 유일한 희망이자 도움이신 하나님만 바라보는 순도 높은 기도가 터져 나오는 겁니다.

우리가 불의에 분노한다는 것은 하나님을 따르는 가장 큰 증거이며 하나님의 형상이 우리 안에 이뤄지고 있다는 생생한 물증입니다. 시편은 "날마다 분노하시는 하나님"(7:11)을 노래합니다. 어이없는 세상에서 분노하다가 지칠 때, 분노가 어느새 냉소로 바뀌려 할 때, 날마다 분노하시는 하나님의 영이 우리에게 충만하여 지치지 않고 불의와 싸울 수 있기를 축원합니다.

안타깝게도 한국 교회에는 내적 평안과 영적 회복에 관한 메시지는 넘쳐나지만 의분을 일으키는 설교, 의분을 일으키는 찬양이 없습니다. 교회에 잘 나올수록 사회적 자폐증에 걸리기 딱 좋습니다. 14세기의 신비가 로이스부르크의 요한은 자신의 내적 평안과 영적 회복에만 집착하는 사람들을 두고 "스스로를 세상에서 가장 거룩한 사람이라고 믿지만 실은 살아 있는 모든 사람들 중에 가장 사악하고 해로운 존재들"이라고 통렬하게 비판했습니다. 그에 의하면 이들의 영적인 열정은 '영적 정욕'에 불과합니다.

다윗은 분노하다 못해 저주했습니다. 섬뜩할 정도로 무서운 저주를 퍼부었고 그것이 하나님의 말씀으로, 시편이라는 이름으로 우리에게 전해지고 있습니다. 다윗은 하나님에게 '내 마음에 드는 사람이요, 내 뜻을 다 이루어줄 사람'(행 13:22)이라는 전무후무한 상찬을 받았는데, 저주시편에 가득 찬 그의 증오심과 복수심에도 불구하고 그런 말을 들은 게 아닙니다. 도리어 정녕 분노할

줄 알았기에 하나님 마음에 합한 자가 되었다고 믿습니다.

사랑하지 않으면 분노도 없습니다. 예수가 성전에 들어가 깽판을 놓았던 성전정화도 분노로 촉발된 사건입니다. 순도 높은 코카인 같은 거룩한 분노입니다. 요한은 예수의 그 과격함을, 주의 전을 사모하는 열정이 그를 삼켰다(요 2:17)고 설명합니다. 우리 역시 그 열정에 삼켜져야 합니다. 그 열정에, 그 분노에 사로잡힌 적 없는 자들은 예수와 우리를 과격하다고 하겠지만 우리는 마땅히 그 열정에 삼켜져 공작정치의 상을 뒤집고, 맘몬 숭배의 상을 엎어야 합니다.

셋째로, 우리는 약함으로 스캔들이 됩니다. 순결한 분노와 더불어 순결한 좌절이 필요합니다. 지난해 내내 특별법 제정 요구의 물결이 전국에 걸쳐 일어나도 강퍅한 정권은 눈 하나 꿈쩍하지 않았습니다. 초인적인 40일 단식에도 콧방귀를 뀔 뿐이었습니다. 이번에는 세월호 특별법 시행령안을 발표해서 유가족의 억장을 무너뜨리고 있습니다. 아무리 울부짖고 발을 동동 굴러도 꿈쩍도 않는 막장 현실 앞에 우리는 거듭 낙심합니다. 세월호 예배나 집회에 오는 걸음을 망설이는 것도 여기에 있습니다. 간절히 기도하고 큰소리로 외칠 때는 마음이 뜨거워지다가도 달라진 것은 아무것도 없고 더 큰 무기력함이 남기 때문입니다.

하지만 저는 믿습니다. 우리가 정녕 그리스도를 따르려면 내가 아무것도 아닌 곳에 가야 합니다. 내가 아무 힘도 쓰지 못하는 곳에 있어야 합니다. 대체 무엇을 해야 할지 모르는 곳에 남아야 합니다. 바보이며, 금치산자며, 패배자로 취급되는 자리를 자원해야 합니다.

소위 강하다는 것은 사실은 하늘의 벌인데 사랑의 진리를 무시하는 그 마음은 그런 줄 모르고 그것을 점점 더 잘난 것으로 알고 더 교만해집니다. 그래서 모든 강자는 반드시 망했습니다. 그리고 역사의 주인은 부드러운 씨알이 됩니다.

_함석헌, "삼월만 되면", 〈씨알의 소리〉 1976년 3월호

그렇습니다. 그리스도인의 존재 방식은 약함입니다. 좌절에 물려 강함을 좇고, 그 강함으로 저들을 이기려는 것은 제국을 확대, 재생산하는 결과를 낳습니다. 물론 험한 세상에 힘없는 양으로 산다는 것은 미칠 노릇입니다. 하지만 약한 양이기를 그치고 강한 이리의 길을 택한다면 크리소스토무스의 지적대로 선한 목자의 인도함을 받을 수 없습니다. 우리는 강함을 숭배하는 세상에서 약함이 하나님의 현존임을 드러내기 위해 부름 받았습니다. "저는 약할 때 강합니다"라는 바울의 선포는 종교적 레토릭이 아닌 일상에서 육화된 우리네 삶의 방식이어야 합니다. 역설적입니다만 우리는 성공하기 위해 이 싸움을 하지 않습니다. 실패하기 위해, 아무도 실패해본 적 없는 새로운 방식으로 실패하기 위해 싸웁니다.

성문 밖 세월호, 성문 밖 그리스도

먼저 계신 주님

구약성서의 하나님은 고아와 과부의 억울함을 풀어주라고 지치지 않고 반복합니다. 저의 하나님은 유가족을 신원해주라고 집요할 정도로 반복합니다. 그분들의 억울함을 풀어주기 위해 우리가 존재하는 건지도 모릅니다. 심리치료 전문가들은 유가족을 위한 최고의 치유책은 진상규명이라고 합니다. 어떤 면에선 진심 어린 사과보다 진실을 밝히는 것이 더 큰 치유라고 합니다.

말씀을 맺습니다. '어둠 속에 감춘 것을 밝히 드러내시는'(고전 4:5) 분이 끝까지 우리와 함께할 것입니다. 기억합시다. 분노합시다. 약해집시다. 우리가 더 무기력해질 수 없을 때까지, 우리가 더 실패할 수 없을 때까지 그리합시다. 안락한 종교적 위안에 취해 있지 말고, 유가족들이 버림받고 내쳐진 성문 밖으로 나아갑시다. 유가족들의 눈물이 그치지 않고 원통함이 멎지 않는 성문 밖으로 나아갑시다. 제자들보다 먼저 갈릴리에 간 예수는 우리보다 먼저 유가족들에게 가 계십니다. 거기서 그를 뵐 때 교회는 결코 이전과 같을 수 없을 겁니다.

박총 | 작가, 도심형 재속재가수도원 '신비와저항' 수사. 학부와 대학원에서 문학을 전공했고, 동료 사역자들과 함께 단비교회를 개척, 한부모 가정 아이들을 섬겼다. 이후 캐나다에서 신학을 공부하며 이민교회 전도사로 일했고, 귀국하여 〈복음과상황〉 편집장으로 일했다. 《내 삶을 바꾼 한 구절》, 《욕쟁이 예수》, 《밀월일기》 등을 썼다.

헤아려본 세월